Erich von Däniken
Die Rätsel im Alten Europa

Erich von Däniken

Die Rätsel im Alten Europa

Auf den Spuren der geheimnisvollen Linien

C. Bertelsmann

1. Auflage

Umschlaggestaltung: Evelyn Schick unter Verwendung
eines Fotos von PICTOR International
Satz: IBV Satz- und Datentechnik GmbH, Berlin
Druck: Wenschow, München
Bindung: Großbuchbinderei Monheim
ISBN 3-570-01337-5

Inhalt

Die Personen 7

9 Der Fund

20 Die Herren der Sterne und die Herren der Ringe

46 Die Rätsel mehren sich

67 Wenn Steine reden könnten

99 Sie liebt mich – sie liebt mich nicht...

109 Botschaft aus der Steinzeit

127 Lehrmeister aus Zeit und Raum

Literaturverzeichnis 155

Bildquellennachweis 157

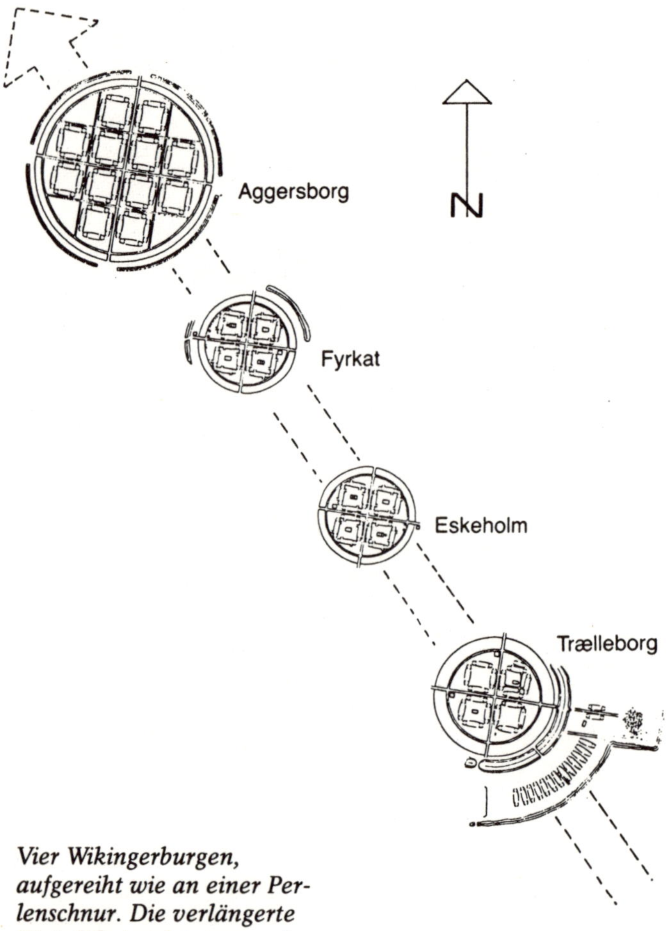

Vier Wikingerburgen, aufgereiht wie an einer Perlenschnur. Die verlängerte Linie führt zielgenau an den altgriechischen Orakelort Delphi.

Die Personen

Cornelia	16 Jahre alt. Ihretwegen hat alles angefangen.
Hausi	Cornelias Vater. Er ist Weinhändler.
Ralf	18 Jahre alt. Er verliebt sich in Cornelia.
Andy	12 Jahre alt. Er lacht viel und ist etwas zu dick.
Sven	14 Jahre alt. Der Schnelldenker in der Runde.
Wehner	Der Vater von Ralf, Andy und Sven. Er ist Bibliothekar.
Onkel Alfons	Das ist der Bruder von Vater Wehner und gleichzeitig der Pate von Sven. Er kennt sich in Archäologie aus.
Mark Skaja	55 Jahre alt. Er kennt das Geheimnis.

Der Fund

»Was ist das? Zeig mal her!«

Cornelia zuckte mit den Schultern, schob die drei vergilbten und an einigen Stellen verschmierten und eingerissenen Blätter zur Mutter hinüber. Die guckte nicht lange darauf, etwa eine Minute.

»Verstehe ich nicht«, meinte sie unwirsch. »Was soll das sein? Du wäschst dir besser die Hände, man weiß nie, was an so alten Papieren klebt. Man klaubt auch keine Fetzen vom Straßenrand.«

»Hab' ich ja gar nicht!« erwiderte Cornelia ungehalten. »Der Bagger hat die Dinger ausgegraben. Da war noch so etwas wie ein Jutesack drumrum.«

»Wie kommt der Sack in den Boden? Hat denn der Baggerführer nichts gesagt?«

»Ach der«, meinte Cornelia wegwerfend. »Ich glaube, der hat nicht mal etwas gemerkt. Der stieg von seinem Baggerthron, klopfte die Schuhe ab und schlenderte hinüber zum Restaurant ›Rössli‹. Da wird er mit seinen Kumpanen hocken, schließlich ist heute Freitag.«

»Alt sind die Blätter auf jeden Fall«, dachte Mutter laut vor sich hin. »Vermutlich etwas Wissenschaftliches oder irgendwelche Berechnungen und Zeichnungen, wie sie Straßenbauingenieure anfertigen. Zeige die Blätter Papa, bevor du sie wegwirfst.«

Es waren wirklich komische Papiere. Der Untergrund zeigte eindeutig Landkarten, auf die jemand mit blauer Tinte unzählige, schnurgerade Linien eingezeichnet hatte. Viele der Linien liefen strahlenförmig auf bestimmte Punkte zu, andere kreuzten sich und gingen sternförmig auseinander. Dann wieder hatte der unbekannte Zeichner Bemerkungen und Worte auf die Papiere gekritzelt. Die meisten waren unleserlich, die Tinte verschmiert und zudem in einer Handschrift, die aus Urgroßvaters Zeiten stammen mochte. Cornelia war zufällig Augenzeugin geworden, wie die Baggerschaufel neben Steinen und Dreck so etwas wie einen zerschlissenen Seesack aus dem Straßengraben gehievt hatte. Bevor der Baggerführer die nächste Ladung auskippte, hatte eine Windbö die drei Blätter aufgewirbelt, die jetzt auf dem Küchentisch lagen.

Sie war letzte Woche, am 12. September, sechzehn geworden, die Cornelia, die mit Nachnamen Huggenberger hieß. Sie war das einzige Kind des Weinhändlers Hans Huggenberger, den wiederum alle »Hausi« nannten. Die dreiköpfige Familie lebte in einem alten Einfamilienhaus in Spiez, das liegt zwischen den Städtchen Thun und Interlaken im Berner Oberland in der Schweiz. Reich waren sie nicht, die »Huggis«, und wenn Hausi das Anwesen nicht von Großvater geerbt hätte, würden sie sicher in einem Mehrfamilienhaus wohnen. Mama »Huggi« war etwas rund, und Cornelia neigte in dieser Hinsicht eher zur Mutter als zum Vater, der aussah wie eine lange, dünne Hopfenstange mit Beinen und einem Kopf obendrauf.

Cornelia trieb wenig Sport, sieht man vom Schwimmen und Tanzen ab. Gerne wäre sie jeden Tag mit ihren Freundinnen in die Disko gegangen, doch Hausi hielt das für unangebracht, und Mutter konnte geradezu hysterisch werden, wenn Cornelia mal zu spät daheim aufkreuzte. Dabei gab es zwischen den Städtchen Thun und Interlaken jede Menge guter Musikschuppen, denn das Berner Oberland gehört zu den schönsten Gegenden der Schweiz, und im Sommer wimmelt es hier von Touristen. Am Thuner See, keine vierhundert Meter vom Haus entfernt, hatte Cornelia auch Ralf kennengelernt, ihren neuen Jugendfreund aus Deutschland, mit dem sie eifrig Briefe austauschte. Trotz einiger Einschränkungen klagte Cornelia wenig über ihre Eltern. Mutti war hilfsbereit, andere sagten gar, sie verwöhne ihre Tochter, und Papa gab sich zwar pflichtbewußt und konsequent, war aber trotzdem ein prima Kerl. Hausis Leidenschaft galt den Bergen – Spiez, am Thuner See, lag mittendrin –, aber auch seinem Beruf, dem er mit geradezu pedantischer Liebe nachging. Freunde von Hausi sagten, er sehe einer Weinflasche schon von außen an, ob der Inhalt gut sei. Das war bestimmt übertrieben.

»Papi, hast du so etwas schon einmal gesehen?« fragte Cornelia am Abend. Sie breitete die alten Blätter vor Hausi aus, der sie auf beiden Seiten mit je einem Küchenmesser beschwerte.

»Das sind Landkarten, sieht ein Blinder«, sinnierte er vor sich hin, »aber keine Landkarten aus unserer Zeit. Schau, hier, das ist die deutsche Stadt Karlsruhe zu einem Zeitpunkt, als es noch keine Autobahnen gab. Die Karten sind mindestens sechzig Jahre alt.«

»Und was bedeuten die vielen Linien, die sich überall kreuzen?«

»Das könnten Flugstraßen sein«, erwiderte Hausi gemächlich in seinem breiten Berner Dialekt, »und die Kreuzungspunkte Flughäfen.« Aufmerksam verfolgte er mit der Fingerkuppe einige Linien. »Da stimmt etwas nicht, Conny, hier zum Beispiel, an diesem Kreuzungspunkt bei Avenches in der Nähe des Murtensees, gab es nie einen Flughafen, auch kein Flugfeld für kleine Privatflieger.«

»Woher willst du das wissen?«

»In jungen Jahren war ich mehrmals dort, weil es in der Gegend von römischen Ruinen wimmelt. Wir haben als Pfadfinder oft zweitausend Jahre alte Münzen gefunden. Auch ein römisches Amphitheater gibt es in Avenches, das zur Römerzeit Aventicum hieß. Nur kein Flugfeld.«

»Was ist ein Amphitheater?« Cornelia dachte an eine Art Schaubühne.

»Zu Zeiten der alten Römer und Griechen gab es an allen größeren Orten ein Amphitheater. Du könntest es am ehesten mit einem Fußballstadion vergleichen. Das Amphitheater war nach oben offen, man saß im Freien. Die Sitze waren direkt in den Boden eingelassen oder mit Steinfliesen bedeckt. Diese Amphitheater hatten meistens die Form einer Ellipse. Unten, im Zentrum, lag die Bühne, und die Zuschauer saßen ringsum auf den nach oben ansteigenden Stufen. Vielleicht hast du schon Bilder vom weltberühmten Kolosseum in Rom gesehen. Das ist ein gutes Beispiel eines Amphitheaters.«

Hausi schob die Blätter näher unter die Lampe, holte eine Lupe, versuchte, die handschriftlichen Kritzeleien zu entziffern. »Vielleicht zeigen die Linien unterirdische Wasseradern oder Mineralien und die Kreuzungspunkte regelrechte Abbauplätze für Kupfer, Zink, Blei oder irgendwelche Bodenschätze.«

»Gold?« Cornelia bemerkte es ganz trocken. »Papi, die Kreuzungspunkte könnten Verstecke sein, eine Goldader, ein Schatz, ein Geheimnis!«

»Wo kommen die Blätter her?« wollte Hausi wissen.

»Von der Straßenkreuzung, vier Häuser weiter. Dort ziehen Arbeiter einen Graben, ich glaube, die verlegen Röhren in den Boden. Die Blätter flatterten aus einer Art Seesack. Weder der Vorarbeiter noch der Baggerführer haben sich darum gekümmert.«

»Sind noch mehr davon dort?« wollte Hausi wissen.

»Laß uns hingehen!« Cornelia war plötzlich ganz aufgeregt. Vielleicht lag der Schlüssel zu den rätselhaften Landkarten im Straßengraben, und irgendwer hatte den alten Seesack mitgenommen. Conny wollte ihren Vater aus dem Haus zerren, aber der sagte, er wolle noch eine Stablampe und Handschuhe holen.

Der Abend war mild, ein traumhafter Herbstabend in diesen diffusen Farben, die unvergleichlich sind für die Landschaft am Thuner See. Über dem Hausberg von Spiez, dem 2362 Meter hohen Niesen, der aussah wie eine breitgebaute, mächtige Pyramide, funkelten rötliche Sonnenstrahlen. Sie zauberten einen Lichterbrei auf die gegenüberliegende Seite des Sees. Wie Laserfinger griff das Leuchtspektakel hinüber zum Niederhorn, kräuselte sich an den schroff abgerissenen Felsriffen des Justistales. Hausi blieb stehen.

»Cornelia, schau dir das an. Sauge es in dich hinein, es ist himmlisch! Ist die Schöpfung nicht grandios?«

Cornelia drängte: »Das sehen wir doch immer wieder! Bitte, Papi, komm jetzt! Bitte!«

Rechts am Straßenrand stand der knallgelbe Bagger. Das Glas der Scheinwerfer reflektierte im Abendlicht wie die Augen eines urzeitlichen Monsters. Ein Ungeheuer mit kraftvollen, stählernen Armen, das überhaupt nicht in die friedvolle Landschaft paßte. Der Straßengraben war etwa anderthalb Meter tief und genauso breit. Am Rand lag der Erdaushub; ein kleiner Wall von knapp zehn Metern Länge, abgesperrt durch ein rot-weiß-rotes Band. Cornelia blickte sich um.

War der Seesack verschwunden? Dort, ganz am Ende der niedrigen Böschung, hing ein gräulicher Lumpen zwischen den Steinen. Endlos langsam kurvte ein Auto um den Straßengraben. Ein fremder Mann kurbelte das rechte Fenster herunter, begann mit Cornelias Vater zu reden. Die stand schon neben dem Stoffetzen, traute sich aber nicht, die Steine zu bewegen. Da kam auch noch das Ehepaar vom Nachbarhaus mit seinem Kinderwagen.

»Grüezi*, Cornelia! Suchst du etwas? Hast du etwas verloren?«

»Ach nein, ich habe mir nur den Graben angesehen«, schwindelte sie und schritt auf den Vater zu, der sich immer noch mit dem fremden Autofahrer unterhielt.

»Kommst du mit nach Hause?« fragten die Nachbarn, und erneut log Cornelia. Sie möchte sich den Bagger anschauen, meinte sie. Verschämt und mit rotem Kopf registrierte sie zwei Lügen innerhalb von dreißig Sekunden. Hoffentlich kamen nicht noch mehr Leute daher. Was sollte sie denen sagen, wenn Vater und Tochter gemeinsam dabei erwischt wurden, wie sie Steine des Erdaushubes verschoben? Endlich verabschiedeten sich die beiden Männer. Cornelia zeigte dem Vater die Stelle mit dem Stoffetzen.

»Das muß es sein! Hier unter dem Schutt liegt der Seesack!«

Hausi schritt um die Stelle herum und meinte, den oberen Brocken würden sie ohne Stemmeisen nicht wegschieben können. Er schlug vor, nach Hause zu gehen und mit dem Weinlieferwagen wiederzukommen. Dort habe er einen Werkzeugkasten und große Schlüssel, die sich als Hebel verwenden ließen. Es war zum Verzweifeln! 150 Meter von der eigenen Haustüre, und man mußte ein Fahrzeug holen!

Cornelia* wartete neben dem Bagger, blickte immer wieder verstohlen zu der Stelle, an welcher der graue Fetzen baumelte. Zweimal wurde sie angesprochen und gefragt, ob sie etwas suche, und beide Male mußte sie lügen. Es waren Notlügen, die niemandem schadeten und dennoch kein gutes Gewissen zurückließen. Als Hausi mit dem Weinlieferwagen ankam, parkte er ihn rückwärts direkt am Ende der Böschung.

* »Grüezi« ist der schweizerdeutsche Ausdruck für »grüß dich!«

»Bleib hier vor der Motorhaube und gib mir ein Zeichen, wenn jemand kommt!« befahl er. »Ich mach' das schon.« Hausi klaubte einen länglichen Eisenstab unter dem Reserverad hervor und wollte gerade die Böschung erklimmen, als fast lautlos ein Polizeiauto neben Vaters Lieferwagen anhielt.

»Salü, Hausi!« begrüßte der Polizist Cornelias Vater. »Hier darfst du nicht stehenbleiben, man hat keine Übersicht über die Kreuzung.« Der junge Polizist mit einem Brustkasten wie ein Bär und einem Quadratschädel mit borstigen Haaren stieg aus und streckte Hausi die Hand entgegen. Cornelia erinnerte sich an ihn. Er war ein Bergfreund ihres Vaters und auch ein Weinkunde. Die beiden begrüßten sich überschwenglich, bis der Polizist sich erkundigte, was Hausi hier eigentlich mache. Cornelia hielt den Atem an. Ihr Vater erzählte dem Polizisten brühwarm und in aller Offenheit alles über ihren Fund mit den kuriosen Blättern.

»Hier, meinst du?« fragte er Cornelia.

Conny deutete auf den Stoffetzen.

»Das werden wir gleich haben!« Der Polizist ging in die Hocke, umklammerte das eine Ende des länglichen Gesteinsbrockens wie ein Gewichtheber, stöhnte zweimal, dann prasselten Kies und Erde in den Graben. Noch ein Aufbäumen, und der Steinklotz kollerte hinterher. Das Tageslicht war schwächer geworden, die Sonnenstrahlen verschwunden. Im faden Licht der Stablampe reflektierte ein gräuliches Bündel von Lumpen, anzusehen wie eine zerrissene Zeltplane. Hausi zog die Handschuhe über und kletterte in den Graben. Er zerrte an den Fetzen, noch mehr Kies und Steine prasselten hinunter. Dann endlich, mit einem kräftigen »Gottfried-Stutz«* landete das Lumpenpaket im Schutt. Hausi reichte das graue Bündel dem Polizisten, und der legte es auf die Kühlerhaube.

»Was haben wir denn da?« brummte er. Cornelia stand daneben und konnte kaum warten, bis der Polizist das Bündel auseinandernahm. Sie hatte augenblicklich erkannt, daß noch mehr dieser grauen Papierfetzen in dem Durcheinander steckten. Der Reihe nach kramte der Polizist verschiedene Gegenstände hervor und reichte sie

* Das ist ein Schweizer Ausdruck, vergleichbar dem deutschen »Herrgott noch mal«.

Hausi hinüber. Eine halbverfaulte Zahnbürste, ein leeres, von Mäusen angefressenes Portemonnaie, zwei zerbrochene Farbstifte, eine kleine Lupe, ein verrostetes Messer, ein völlig durchlöchertes Unterhemd – und sieben weitere Kartenblätter mit den Linien, die aussahen wie ein verrücktes Strickmuster.

»Da ist kein Ausweis, kein Name, kein Geld, nichts, was auf den ehemaligen Besitzer hinweisen könnte. Auch keinerlei Spuren von einem Kapitalverbrechen. Keine Blutflecken, keine Knochenreste. Ich würde meinen«, der Polizist rieb sich am Kinn, »das ist nichts für uns. Bestenfalls Diebesgut. Der Dieb fürchtete sich vor Entdeckung, wickelte den Teil der Beute, der sich nicht verwerten ließ, in dieses Zelttuch und schmiß es in einen Graben oder ein Loch.«

»Und was ist mit diesen Karten und den vielen Linien?« bohrte Cornelia. »Sehen Sie denn nicht, daß die Linien immer wieder strahlenförmig auf bestimmte Punkte zulaufen?«

»Vielleicht sind es geologische Karten«, warf Hausi bedächtig ein, »oder Karten von Prospektoren, das sind die Leute, die Mineralien im Gelände aufspüren.«

Während die Männer diskutierten und das Tageslicht stetig schwächer wurde, hatte Cornelia still ein Blatt nach dem andern betrachtet. Plötzlich zuckte sie zusammen. Fünf Linien kreuzten sich an einem Punkt südlich der deutschen Stadt Detmold in Westfalen. Dort wohnte doch ihr Brieffreund Ralf! Sie würde ihn sofort anrufen und fragen, ob es in der Gegend ein Flugfeld gebe oder sonst irgend etwas Kurioses. Vielleicht entdeckte er an der Kreuzungsstelle einen Schatz. Wow! Das wäre ein Fund! Wenn Ralf genug Geld hätte, könnte er öfter nach Spiez kommen. Sie könnten viel mehr beisammen sein und auch mehr und länger telefonieren.

Noch während der Polizist den alten Krempel stückweise in die Baugrube zurückschmiß, fragte Cornelia: »Papi, darf ich gleich den Ralf in Deutschland anrufen?«

»Hm! Von mir aus. Weshalb kommst du gerade jetzt auf den Gedanken? Ihr schreibt euch doch ständig.«

Cornelia erklärte ihre Idee und zeigte den Männern das Kartenblatt mit den fünf Linien, die sich im Süden von Detmold kreuzten. »Ralf könnte doch hingehen und nachsehen, was es dort gibt...«

»…einen Schatz ganz gewiß nicht«, unterbrach der Polizist. »Wenn an allen Kreuzungspunkten Schätze vergraben wären, müßte es Hunderte von derartigen Stellen geben, denn die Karten sind übersät mit Kreuzungspunkten. Zudem müßte derjenige, der die Linien auf diese Karten zeichnete, von allen Schätzen gewußt haben. Das ist unmöglich!«

Hausi hatte mit der Stablampe einige Blätter angeleuchtet. »Das ist wirklich unmöglich. Schaut mal, dieser Kartenausschnitt zeigt Auszüge von England, hier wiederum läuft ein ganzes Linienbündel auf die Bretagne in Frankreich zu, und das da – es ist nicht zu fassen – ist die Stadt Kopenhagen in Dänemark. Wer immer die Linien über die Karten zog, muß etwas ganz Bestimmtes im Auge gehabt haben, gewiß kein Gold und keinen Schatz. Woher sollte der unbekannte Linienzieher die verborgenen Schätze Deutschlands, Englands, Dänemarks und auch noch Frankreichs gekannt haben?«

Das leuchtete Cornelia ein. Dennoch, da war ein Geheimnis, und sie wollte es lüften. Ralf würde ihr helfen. Am selben Abend rief sie ihn an. Und ob er sich freute! Cornelia hoffte insgeheim, daß er sich in sie verliebt habe. Nur sicher war sie nicht, aber es gab verschiedene Anzeichen. So hatte er ihr im Sommer sein T-Shirt geschenkt, weil sie es toll fand. Und an jenem Abend, als ihr Vater gleich mehrere Jugendliche in der Disko »Arabella« im Nachbarstädtchen Interlaken absetzte und später wieder abholte, hatte Ralf nur mit ihr alleine getanzt. Ralf hatte mittelblondes Haar mit einem Scheitel in der Mitte und war mit 1,76 Meter sechs Zentimer größer als Cornelia. Ja, blaugrüne Augen hatte er auch noch, trug ständig Turnschuhe einer amerikanischen Firma und hörte gerne Rockmusik. Im letzten Sommer hatte er mit seinem Vater und zwei jüngeren Brüdern am Thunersee campiert. Er selbst war knapp zwei Jahre älter als Cornelia. Schade, daß Detmold so weit von Spiez entfernt lag. Aufgeregt erzählte ihm Cornelia die Geschichte mit dem Kartenfund. Ralf hörte atemlos zu.

»Südlich von Detmold, sagst du? *Wieviel* südlich? Zehn oder fünfzig Kilometer?«

»Weiß ich nicht«, gestand Cornelia.

»Conny, auf jeder Landkarte befindet sich irgendwo ein Maßstab, auf dem sich ablesen läßt, wieviel Millimeter auf der Karte einem Kilometer im Gelände entsprechen.«

Cornelia drehte und wendete alle insgesamt zehn Blätter, da war nirgendwo ein Maßstab aufgedruckt. Aber die Karten waren ja auch nicht vollständig. Überall fehlten Stücke, und wie der Vater schon festgestellt hatte, ganze Kartenausschnitte.

»Wie heißt der nächste Ort auf der Karte, von dem Punkt aus gesehen, wo sich die Linien kreuzen?»

Cornelia suchte angestrengt, viele Buchstaben auf der Karte waren so mickrig klein.

»Hier, ich habe etwas!« rief sie in den Hörer. »Kennst du ein Kaff mit dem Namen ›Horn‹?«

»Aber sicher! Das ist kein Kaff, sondern ein kleinerer, schöner Ort, etwa zwölf Kilometer von hier, liegt am Teutoburger Wald, und dort sind auch die Externsteine.«

»Die w-a-s?«

»Die E-x-t-e-r-n-s-t-e-i-n-e!« Ralf erklärte, er sei mit der Schule mal dort gewesen. Es handle sich um ganz seltsame, rauhe und hohe Felsen, in die die jungen Christen vor über tausend Jahren Hohlräume und Kammern geschlagen hätten. Andere behaupteten sogar, diese Externsteine seien ein uraltes, germanisches Heiligtum, viele Jahrtausende alt. Und in der Gegend sollen Gräber von Riesen liegen. Cornelia erfuhr, diese komischen Steine befänden sich westlich von Horn und südlich von Detmold. Das mußte es sein! Exakt dort kreuzten sich fünf Linien! Hurra! Sie hatten den ersten Punkt lokalisiert. Die Frage aller Fragen aber blieb: Was war an diesen Externsteinen so Besonderes? Und an allen anderen Orten auf den Karten, an denen viele Linien zusammentrafen? Was bedeuteten die Linien, nachdem sie weder Flugstraßen noch Bodenschätze anzeigten? Weshalb gab es in dem »Strickmuster« keine gekrümmten, sondern nur gerade Linien? Und – signalisierten alle Kreuzungspunkte etwas Gemeinsames? Gab es überall dort, wo mehrere Linien zusammentrafen, eine Art von »Externsteinen«?

»Conny, siehst du auf deinen Blättern noch einen anderen Punkt in Deutschland?«

»Ja, da gibt es viele! Hier lese ich ›Karlsruhe‹, und darüber ist mit blauer Tinte ein Stern eingezeichnet. Und zwischen Regensburg und Passau laufen viele Linien zusammen. Unter dem Kreuzungspunkt kann ich gerade noch eine Ortschaft mit dem Namen ›Osterhofen‹ entziffern.«

»Wo liegt dieses Osterhofen?« fragte Ralfs Stimme aus dem Hörer.

Cornelia tastete die Karte mit der Lupe ab. »Exakt im Süden von Deggendorf. Kennst du die Gegend?«

»Nein«, antwortete Ralf. »Aber ich habe mir Notizen gemacht und will mal meine Leute hier fragen. Du weißt doch, mein Vater arbeitet bei der Stadtbibliothek und weiß eine ganze Menge.«

Cornelia und Ralf vereinbarten, daß sie ihm Fotokopien der zehn Blätter schicken sollte. Ralf hatte eine Verwandte in England und einen Briefpartner in Dänemark. Die würde er anschreiben und sie fragen, was an den Kreuzungspunkten in ihren Ländern Besonderes zu finden sei. Und Cornelia hatte mit ihrem Vater schon Frankreich besucht. Auch wenn sie keine eifrige Briefschreiberin war, die Briefe an Ralf mal ausgenommen, schrieb sie doch jedes Jahr zweimal an Evelyne, das war die gleichaltrige Tochter eines Weinhändlers in Bordeaux. Sie alle würden Fotokopien der Kartenausschnitte von ihren Ländern erhalten und sollten herausfinden, was es an den Kreuzungspunkten der Linien Besonderes gab. Und dann könnte man sich treffen, vielleicht während der Ferien am Thuner See oder in einer Berghütte, und das Geheimnis um die Linien knacken.

Noch während des Abendessens rief Ralf zurück. Er klang ganz aufgedreht am Telefon.

»Conny, stell dir vor, mein kleiner Bruder, ja, der vierzehnjährige mit den blonden Haaren, der immer so schnell spricht und ständig Fragen stellt, hat eine verblüffende Entdeckung gemacht. Der Kleine interessiert sich doch für Ruinen und so altes Zeug. Zu Weihnachten hat er ein teures Buch von seinem Paten erhalten – mit vielen Luftaufnahmen. Dort gibt es auch Bilder von Osterhofen.«

»Und? Sag schon, was sieht man da?«

»Zu Osterhofen gehört auch ein Weiler namens ›Schmiedorf‹, das alles liegt im Flachland von Niederbayern. Aus der Luft entdeckte ein Pilot unter einem Feld von Schmiedorf drei große, hintereinander gestaffelte Kreise. Das ist der zweite Kreuzungspunkt!«

Cornelia verstand gar nichts. »Wieso sagst du ›*unter* einem Feld‹ und nicht ›*auf* einem Feld‹? Was sind denn das für Kreise?«

Ralf erklärte, ein Pilot namens Otto Braasch habe es sich zum Hobby gemacht, Luftbildarchäologie zu betreiben. »Vom Flugzeug aus lassen sich die Überreste von Mauern oder ehemaligen Straßen im Gelände erkennen, auch wenn die Mauern oder Straßen schon jahrtausendelang nicht mehr existieren. Man sieht aus der Luft genau dort verschiedene Farben und Schattierungen in Feldern und Wiesen, wo einst Gebäude standen. Bei Schmiedorf entdeckte Otto Braasch unter einem Feld drei Kreise. Später haben Archäologen dort gegraben und fanden die Überreste einer 7000 Jahre alten Kultstätte. Begreifst du, das ist älter als die großen Pyramiden von Ägypten, die um 2500 vor Christus entstanden. Mein kleiner Bruder besitzt dieses Buch, wo das alles drinsteht [1]. Die Linien auf deinen Karten kreuzen sich exakt über diesen uralten Kreisen! Merkst du denn nichts?«

Cornelia war normalerweise nicht schwer von Begriff, aber sie merkte nichts. Ralf erklärte:

»Der erste Kreuzungspunkt sind die Externsteine zwölf Kilometer von Detmold, der zweite Punkt die Kreise im Feld von Schmiedorf bei Osterhofen. In beiden Fällen handelt es sich um jahrtausendealte Ruinen. Da ist es doch möglich, daß sich einst an jedem Kreuzungspunkt eine Kultstätte befand, irgend so etwas wie vorgeschichtliche Heiligtümer mit uralten Schätzen. Logisch?«

»Schon«, erwiderte Cornelia, »aber weshalb sind die Orte durch Linien verkoppelt, und was bedeutet der Stern über Karlsruhe?«

»Weiß ich nicht, aber das werden wir alles herausfinden. Schicke jetzt zuerst die Fotokopien deiner Kartenblätter. Tschüs, und ich hab' dich lieb!«

Das Geständnis kam wie eine heiße Dusche. Cornelia lief rot an. Gott sei Dank stand das Telefon in Vaters Arbeitszimmer! So bemerkte niemand ihr strahlendes Gesicht.

Weder Cornelia noch Ralf ahnten, daß sie nur gerade den ersten Schritt in ein aufregendes Abenteuer getan hatten. Den Schritt in eine Welt, die viele Jahrtausende zurückreichte und doch eng mit der Gegenwart verkoppelt war.

Die Herren der Sterne und die Herren der Ringe

Ralf war ein angenehmer Bursche, einer dieser Typen, auf deren Wort man sich verlassen konnte. Wenn er etwas versprach, hielt er sich daran, und wenn er sich eine Arbeit aufbürdete, führte er sie zu Ende, auch wenn ihm das gegebene Wort hinterher wieder leid tat. Als die zehn fotokopierten Kartenblätter von Cornelia eintrafen, betrachtete er sie lange. Schade, daß die Blätter nicht vollständig waren. Ein Blatt zeigte nur gerade ein großes Rechteck, das im Süden von Basel bis Meersburg am Bodensee reichte und im Norden auf der Höhe von Karlsruhe abrupt abbrach. Über Karlsruhe und Rastatt war mit spitzer Feder und blauer Tinte je ein fünfzackiger Stern eingezeichnet. Auch Ralf mußte eine Lupe holen, derart winzig waren die Buchstaben auf der Karte. Was bedeutete der Stern, und weshalb war er gerade fünfzackig und nicht sechs- oder siebenzackig? Ralf erinnerte sich aus dem Geometrieunterricht, daß man aus dem fünfzackigen Stern auch ein perfektes Fünfeck machen konnte, das »Pentagramm« genannt wurde. Was war so Besonderes daran?

Im Buchregal des Vaters fand Ralf einen dicken Band mit dem Titel: »Bildlexikon der Symbole« [2]. Unter dem Stichwort »Pentagramm« las er, der fünfzackige Stern würde auch »Drudenfuß« oder »Fünfstern« heißen und sei ein mystisches Zeichen. Ein »Mysterium« ist etwas Geheimnisvolles, und »mythisch« bedeutet »sagenhaft«, unklar von der Herkunft. Deshalb spricht man bei alten Erzählungen, deren Ursprung und Sinn nicht klar ist, auch von »Mythen«.

Jetzt zeigte sich, daß die Fünfsterne über den Orten Rastatt und Karlsruhe eben »mystisch« – geheimnisvoll – waren. Doch *welches* Geheimnis verbarg dieser Stern? Im »Bildlexikon« stand auch noch, der Ursprung dieses Fünfsterns gehe ins Altertum zurück, in alten Schriften werde er »flammender Stern« genannt und diene als Symbol der Allmacht.

Das alles war eigenartig. Was sollte Karlsruhe mit einem »flammenden Stern« zu tun haben? Ralf brauchte Hilfe. Er besprach das Problem mit seinen beiden jüngeren Brüdern. Die zündende Idee kam vom vierzehnjährigen Sven.

»Laß uns doch diesen fünfzackigen Stern einmal ganz genau nachzeichnen. Im Schulatlas von Deutschland gibt es auch Karten der Umgebung von Rastatt und Karlsruhe. Wir könnten die Tintenstriche vom alten Kartenblatt auf eine größere Karte übertragen«, schlug er vor.

Gesagt – getan. Sven holte ein durchsichtiges Lineal aus Kunststoff, einen spitzen Bleistift und den Atlas. Ralf hielt die Lupe vor die Augen. »Nördlich von Karlsruhe lese ich ›Eggenstein‹, hier beginnt die erste Linie des Sterns.«

Die drei Jungen mußten lange suchen, bis sie feststellten, daß Eggenstein unmittelbar nördlich von Karlsruhe zu finden war. Die Stadt Karlsruhe war in den vergangenen 60 Jahren gewachsen und hatte sich Richtung Eggenstein ausgedehnt.

»Jetzt müssen wir eine südwestliche Linie ziehen ins Zentrum des Ortes Rastatt-Rheinau.« Das war rasch gefunden. Die erste Linie des Fünfsterns stand.

»Nun suchen wir den Ort Kleinsteinbach, der muß nordöstlich davon liegen.«

»Hab' ich!« rief Sven, der angestrengt auf die Karte im Atlas starrte.

»Von hier aus geht die Linie quer hinüber in westlicher Richtung zu einem Hügel mit dem Namen ›Büchelberg‹ und dann in südöstlicher Richtung in den Klosterwald beim Örtchen Frauenalb.«

Die Konturen eines Sterns zeichneten sich auf dem Atlas ab. Alle zusätzlichen Eckpunkte waren rasch gefunden, weil sie sternförmig in den gleichen Abständen liegen mußten. Schließlich stand das Bild.

Ein riesiger Fünfstern über der Landschaft! Stolz betrachteten die drei Jungen das Bild. Es war überwältigend und eigenartig zugleich. Wie kam es nur, daß die Punkte Eggenstein – Büchelberg – Rastatt-Rheinau – Frauenalb und Kleinsteinbach ein Pentagramm ergaben, wobei jede Position gleich weit von der anderen entfernt war? Wer hatte den Standort dieser Ortschaften in einer Weise festgelegt, daß sie einen zusammenhängenden fünfzackigen Stern ergaben? Wie alt waren die Ortschaften überhaupt, und gab es dort etwas Besonderes?

»Kennen wir irgendwen, der Archäologe oder Historiker ist, der uns weiterhelfen könnte?« fragte Ralf.

»Aber sicher!« frohlockte Sven. Er war der schnellste Denker in der Runde. Ralf, der größere Bruder, wußte zwar viel mehr als Sven, nur überlegte er bedächtiger. Der dritte der drei Brüder, Andy, war zwölf Jahre alt. Er hatte bislang noch gar nichts gesagt. Er schien

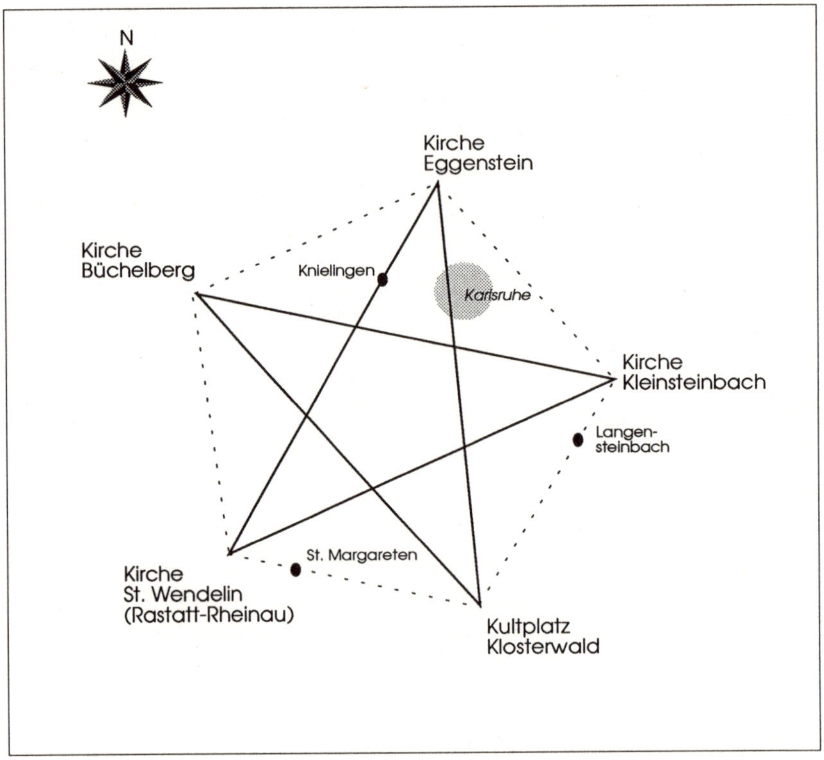

überhaupt nicht zu verstehen, was an dem fünfzackigen Stern so Aufregendes war. Ralf erklärte es.

»Schau, Andy, alle Karten der Welt sind so angelegt, daß Norden am oberen Kartenrand liegt, Süden am unteren. Osten liegt rechts von Norden und Westen links. Wir haben hier mehrere Punkte durch Linien verbunden, und es entstand ein riesiger Stern mit fünf Zacken. Siehst du das?«

Andy nickte, und Ralf erklärte geduldig weiter. »Vom südlichsten Punkt bis zum nördlichsten macht die Strecke rund 30 Kilometer aus...«

»...woher weißt du das?« unterbrach der Kleine.

»Jeder Karte liegt ein sehr exakter Maßstab zugrunde. Die Karte in dem Atlas, die wir hier verwenden, hat den Maßstab 1:50000. Das bedeutet, auf der Karte ist alles 50000mal kleiner eingezeichnet als in der Wirklichkeit. Wenn wir eine Karte mit dem Maßstab 1:25000 verwenden würden, wäre alles 25000mal kleiner als im Gelände.«

»Weshalb weißt du, daß diese Karte den Maßstab 1:50000 hat?«

»Weil's draufsteht. Auf jeder Karte, egal welcher, auch wenn du eine Straßenkarte auf der Autobahn kaufst, steht der Maßstab. Manchmal oben unter dem Kartentitel, manchmal unten oder auf der Seite, überall findest du den Maßstab, und gleich darunter ist auch ein richtiger Maßstab mit Millimeter- und Zentimeter-Markierungen gedruckt, auf denen sich ablesen läßt, wie viele Millimeter auf der Karte wie vielen Kilometern im Gelände entsprechen. Siehst du, hier steht der Maßstab. Jetzt müssen wir nur die längste Distanz zwischen zwei Punkten unseres Sterns abmessen und können die Strecke mit dem Maßstab auf der Karte vergleichen. Auf einer Karte von 1:50000 entsprechen zwei Zentimeter einem Kilometer in der Landschaft.«

»Das ist ja ganz einfach!« Der kleine Andy lachte. »Wie viele Kilometer sind es denn von Detmold bis Karlsruhe?«

»Das läßt sich auf dieser Karte nicht ablesen, du Schlaumeier«, mischte sich Sven ins Gespräch. »Auf einer Karte mit dem Maßstab 1:50000 können beide Orte nicht gleichzeitig enthalten sein, die Karte wäre viel zu groß. Um die Strecke Detmold–Karlsruhe zu messen, müßten wir eine Karte mit dem Maßstab 1:100000 haben.«

»Gibt es auch Karten im Maßstab 1:1000000 (eins zu einer Million) oder gar 1:10000000 (eins zu zehn Millionen)?«

»Aber sicher!« dozierte Ralf. »Das Problem ist nur, daß derartig verkleinerte Maßstäbe die Einzelheiten nicht mehr zeigen können. Hier, auf der Karte 1:50000, erkennst du jeden Waldweg, jeden Bach und sogar die größeren Gebäude in den richtigen Positionen. Auf einer Karte mit dem Maßstab 1:1000000 wäre das unmöglich, alle Einzelheiten würden verschwinden.«

»Hast du's geschnallt, kleiner Bruder?« fragte Sven altklug. »Je kleiner die Zahl des Maßstabs, desto mehr Einzelheiten erkennst du. Je größer, desto weniger. So einfach ist das!«

»Und weshalb brauchen wir einen Archäologen oder einen – wie hieß der...?

»...Historiker!« riefen Ralf und Sven gleichzeitig, und Ralf fuhr fort: »Ein Archäologe befaßt sich mit Altertümern, ein Historiker mit der Geschichte. Vielleicht kann uns einer der beiden sagen, wie alt die Orte sind, welche die Eckpunkte unseres Fünfsterns bilden.«

»Was nützt uns das?« wollte Andy wissen. Sven und Ralf guckten sich an. Es war erstaunlich, daß Sven mit seinen vierzehn Jahren begriffen hatte, welche Bedeutung dem Alter des Fünfsterns zukam. Aber schließlich war Archäologie sein Hobby. Kein Wunder, wenn der zwei Jahre jüngere Bruder die Zusammenhänge nicht durchschaute.

»Ich muß mal raus.« Sven schob den Stuhl zur Seite: »Erklär du es ihm!«

Ralf war wirklich eine liebenswerte Natur. Während in vielen Familien die Beziehungen zwischen den Geschwistern angespannt und oft sogar bösartig waren, klappte bei diesem Brüdertrio alles vorzüglich. Das war nicht immer so gewesen. Bis vor drei Jahren, als Mutter noch lebte, hatten sich Ralf, Sven und Andy genauso in den Haaren gelegen wie fast alle Jungen in anderen Familien. Dann kam der Autounfall. Mutti war am Unfallort gestorben, ein sich überschlagender Sattelschlepper hatte ihr kleines Auto zerdrückt. Es waren schreckliche Tage und Wochen gewesen. Bis der Vater sich aufraffte, seine jugendlichen Söhne zu sich bat und ihnen klarmachte, daß er nur noch für sie da sei.

»Ich lebe für euch«, hatte er mit sehr ernstem Gesicht gesagt, »ich werde euch helfen, wo immer ich kann, und ihr sollt euch gegenseitig unterstützen. Wir werden auch ohne Mutti eine wunderbare Familie sein, und da wir alle Männer sind, sollen wir auch die dicksten Freunde werden.«

Seitdem hatten sie ihren Urlaub gemeinsam verbracht, waren gemeinsam auf dem Zeltplatz in Spiez am Thuner See gewesen, wo Ralf Cornelia kennengelernt hatte. Sie kochten und aßen gemeinsam, und sie hatten sich geschworen, sich gegenseitig zu helfen und nicht anzulügen. Es klappte derart prächtig, als ob Mutti aus einer jenseitigen Welt zuschaue und Regie führe. Ralf war sich seiner Verantwortung bewußt. Weder er noch der Vater konnten eine Mutter ersetzen, aber sie konnten genau das tun, was der Vater vorgeschlagen hatte: zusammenhalten. Ralf dachte daran, als er dem jüngeren Bruder die Situation erklärte.

»Wir haben auf der Karte einen Fünfstern eingezeichnet, weil fünf Punkte die jeweiligen Spitzen der Zacken des Sterns darstellen. Alle Punkte sind gleichweit voneinander entfernt. Weshalb sind wir überhaupt auf die Idee gekommen, das zu tun?«

Andy blickte mit seinen wachen Kinderaugen zu Ralf empor. »Weil der Stern schon auf der alten Karte enthalten war, welche Cornelia dir schickte.«

»Sehr gut!« lobte Ralf. »Die Kartenblätter, welche Cornelia gefunden hat, sind aber mindestens sechzig Jahre alt, denn im Raum um Karlsruhe sind noch keine Autobahnen eingezeichnet. Also müssen die Karten mit den vielen Strichen und dem Stern über Karlsruhe bereits etliche Jahre vor dem Zweiten Weltkrieg entstanden sein. Der Unbekannte, der all dies auf den Kartenblättern einzeichnete, muß schon damals über den Stern Bescheid gewußt haben. Logisch?«

Andy nickte eifrig, seine Augen glänzten. Er spürte, daß sie einem Geheimnis auf der Spur waren, auch wenn ihm die Zusammenhänge immer noch nicht einleuchteten.

»Heute«, fuhr Ralf fort, »würde kein Ortsplaner in ganz Deutschland fünf Dörfer, die dreißig Kilometer voneinander entfernt liegen, in einer Weise planen, daß sie einen fünfzackigen Stern bilden. Und doch ist dieser fünfzackige Stern da. Irgend jemand muß die Gründungspunkte der fünf Orte absichtlich so angelegt haben. Es ist vollkommen unmöglich, daß fünf Orte zufälligerweise in derartigen Beziehungen zueinander stehen. Stell dir einmal vor, Andy, wir würden auf allen Seitenlinien dieses Sterns einige tausend Kinder mit Fackeln aufstellen, und auf ein Kommando würden alle Fackeln gleichzeitig angezündet. Ein riesiger, dreißig Kilometer großer Stern würde dann zum Himmel leuchten. Phantastisch!«

»Toll!« Das fand auch Andy. »Aber weshalb brauchen wir diesen Archäologen oder diesen... Hi-Hi-storiker?«

»Weil die uns sagen können, wie alt die Eckpunkte unseres Sterns sind. Je weiter zurück in die Vergangenheit der Stern reicht, um so geheimnisvoller wird die Sache. Ich glaube nicht, daß vor Jahrhunderten, etwa im Mittelalter, jemand diesen Riesenstern geplant hat, und je weiter wir in die Vergangenheit zurückblicken, um so unwahrscheinlicher wird die Planung des Sterns. Vor vielen Jahrtausenden lebten in der Gegend zwischen Rastatt und Karlsruhe Steinzeitmenschen. Die besaßen keine Meßinstrumente, keine Landkarten, die konnten nicht einmal schreiben. Sie verfügten über kein Metall, deshalb nennt man sie ›Steinzeitmenschen‹. Die jagten den Bären noch mit einem Speer und bekleideten sich mit Fellen. Wenn also der Archäologe uns sagt, die Eckpunkte unseres Sterns hätten bereits in der Steinzeit existiert, vielleicht, weil man dort die Überreste einer Siedlung oder eines Kultplatzes gefunden hat, dann bekommt unser Stern geradezu dramatische Dimensionen. *Wer* soll ihn geplant haben? *Wie* sollen Steinzeitmenschen ihn vermessen, ausgerichtet haben? Und überhaupt, was verbirgt sich dahinter? Weshalb legt jemand einen riesigen fünfzackigen Stern, ein sogenanntes Pentagramm, in die Landschaft?«

Nun dämmerte es auch Andy. Wer waren die Herren des Sterns? Geistesabwesend blickte Andy auf die zehn Fotokopien, welche Cornelia geschickt hatte. Da gab es noch mehrere andere Sterne in anderen Gegenden. Und dann die vielen Linien, das verrückte »Strickmuster« auf den Karten. Was sollte das alles?

»Wir wissen es noch nicht«, fuhr Ralf fort. »Wie du siehst, kreuzen sich viele Punkte strahlen- oder sternförmig. Zwei Punkte haben wir bereits festgestellt. Der eine sind die Externsteine beim Dorf Horn nicht weit von hier, der andere sind seltsame Kreise unter einem Feld bei Schmiedorf in Niederbayern. Beides sind sehr alte, archäologische Punkte...«

»Ha! Ha! Schaut mal her!« Sven hüpfte ins Zimmer, schwang einige Blätter wie einen Siegerpokal. »Unser Stern ist uralt und noch viel geheimnisvoller, als ihr glaubt!«

»Komm! Rede schon!« drängten Ralf und Andy. »Wo warst du so lange? Was hast du herausgefunden?«

Er war ein eigenwilliger Junge, dieser Sven, intelligent, anpassungsfähig und sehr rasch im Denken. Von seiner Figur her etwas schlaksig und manchmal mit unbeholfenen Bewegungen. Vater Wehner meinte oft, Sven würde ein typischer Wissenschaftler. Gründlich in der Spurensuche und überlegen in der Antwort. Sven hatte strohblondes Haar, wenige, pubertäre Pickel im Gesicht und war trotz seiner vierzehn Jahre schon 1,74 Meter groß. Im Gegensatz zum jüngeren Andy war Sven schlank wie ein Athlet. Obschon kein Sportfanatiker, besuchte er jede Woche einen Jiu-Jitsu-Kurs, das ist die japanische Art der sanften Selbstverteidigung. Streithähne auf dem Schulhof gingen Sven aus dem Weg. Sie wußten, daß er jeden aufs Kreuz legen konnte, auch wenn er überhaupt kein Muskelprotz war. Das lernte man eben bei Jiu-Jitsu. Und tanzen konnte er auch noch, sogar besser als der ältere Ralf. Nur in der Küche und im handwerklichen Bereich ließ sich mit Sven nichts anfangen. Das war wirklich komisch, er nahm alle Gegenstände schon falsch in die Hand. Den Hammer hielt er vorne, anstatt am hinteren Teil des Griffs, und wenn er etwas einschrauben sollte, traf er mit dem Schraubenzieher den Spalt an der Schraube nicht. Auch konnte man ihm keine teuren Gläser mit Stiel zum Abtrocknen überlassen, er brach sie fast regelmäßig ab. Vermutlich, weil seine Gedanken immer woanders kreisten. Nicht einmal zum Wäschewaschen mit der vollautomatischen Waschmaschine konnte man ihn einsetzen. Er stellte die verkehrten Temperaturen ein oder schüttete das falsche Waschpulver dazu. Nee, Sven hatte es nicht in den Händen, er hatte es im Kopf. Seine Schulaufgaben waren blitzsauber, seine Handschrift gestochen scharf und fast so leicht lesbar wie eine gedruckte Schrift. Seine Verschiedenartigkeit kam auch bei den Mädchen zum Ausdruck. Obwohl er sie mit ausgesuchter Höflichkeit behandelte und gerne mit ihnen tanzte, bändelte er mit keinem Mädel an. Auch wußte Sven von allen drei Brüdern immer am genauesten, welche Kleidung, welche Hemden, welche Pullover er mochte. Heute trug er dunkle, anthrazitfarbene Jeans, hellbeige Unterwäsche, dunkle Socken und ein langärmeliges Hemd in grüner Pastellfarbe. Er hatte die dunklen Augen der Mutter, hübsch gezogene Augenbrauen und weiße Zähne mit zwei breiten Schaufeln in der Mitte. Bezüglich der Zähne waren alle drei Wehner-Brüder gleich. Sie wußten sehr genau, daß gepflegte Zähne ein Gesicht erst richtig sympathisch machten.

Sven lächelte spitzbübisch, setzte sich an den Tisch und breitete Notizblätter mit Kritzeleien aus. »Ich rief Alfons an, meinen Paten! Der hat doch, als er noch jung war, mal Archäologie studiert und ist seither vernarrt in alte Ruinen. Deshalb schenkt er mir auch immer Bücher mit diesen uralten Steinhaufen. Ich habe ihm die Geschichte mit dem Stern über Karlsruhe berichtet, und er meinte, darüber habe er irgendwann etwas gelesen. Ihr wißt doch, Alfons besitzt ein kleines Archiv, in welchem er seine Kuriositäten sammelt.«

»Was sind Kuriositäten?« fragte Andy.

»Das sind eigenartige Dinge, die nicht recht in irgendein Modell passen wollen. Eben kuriose Sachen. Also, der Alfons ging in sein Archiv und las mir eine Zeitungsmeldung vor. Hier, ich hab's notiert, es war die ›Pforzheimer Zeitung‹ vom 19. September 1987. Da hat ein Herr Jens Möller exakt über unseren Stern geschrieben, und auch sonst noch verblüffende Dinge herausbekommen [3, 4].

Der Stern, den wir im Atlas nachgezeichnet haben, ist nicht ganz korrekt. Wir haben nur die Orte durch Linien verbunden, während in Wirklichkeit exakte Punkte innerhalb der Ortschaften angesteuert werden müssen. So läuft die Linie Eggenstein–Rastatt-Rheinau zielgenau auf die Kirche von Eggenstein und die Kirche St. Wendelin in Rastatt-Rheinau zu. Die andere Linie endet an der Kirche auf dem Büchelberg und läuft zu einem vorgeschichtlichen Kultplatz im Klosterwald bei Frauenalb. Alfons sagte, alle diese Kirchen seien an Stellen errichtet worden, auf denen früher heidnische Kultstätten gelegen hätten. Diese Kultstätten gehen in die Steinzeit zurück! Das sind Jahrtausende vor unserer Zeit!«

»Das ist ja unheimlich«, sinnierte Ralf. »Wer soll denn vor Jahrtausenden den Stern ausgemessen und die steinzeitlichen Kultstätten an den Eckpunkten errichtet haben?«

»Das ist noch gar nichts!« prahlte der quirlige Sven siegessicher. »Wißt ihr, was der ›Goldene Schnitt‹ ist?«

Andy machte »bääh« und zeigte die lange Nase, Ralf meinte, irgendwo habe er den Ausdruck schon gehört.

»Macht nichts, Brüderchen, ich wußte es bis vor zehn Minuten auch nicht. Alfons hat es mir so lange erklärt, bis ich's kapierte. Schaut hier, ich habe es aufgeschrieben und auch noch eine Zeichnung gemacht, damit ihr lahmen Enten nachkommt.« Sven las vor:

»Wird eine Strecke A–B durch einen Punkt E so geteilt, daß sich die ganze Strecke zu ihrem größten Abschnitt verhält wie dieser zu dem kleineren Abschnitt, so nennt man die Strecke A–B ›im Goldenen Schnitt geteilt‹. Verlängert man eine im Goldenen Schnitt geteilte Strecke um ihren größeren Abschnitt, so ist die neue Strecke durch den Endpunkt der ursprünglichen wieder im Goldenen Schnitt geteilt. Dieser Vorgang läßt sich beliebig fortsetzen.«

»Gütiger Himmel! Ist das aber kompliziert!« stöhnte Andy. »Ich habe überhaupt nichts verstanden.«

»Hier, ich habe es gezeichnet!«

A – – – – – – – – – – – – – E – – – – – – – – – – B

– (E)

A – – – – – – – – – – – – – E – – – – – – – – – – B – – – – – – – – – – – – – C

. . . . x x

»Schau, die obere Strecke zeigt A–B, unterteilt durch den Schnittpunkt E. In der unteren Strecke habe ich auf der Höhe von E und C je ein x angebracht. Die Strecke von x zu x ist um genau soviel länger wie der Schnittpunkt von E zu B, obwohl ich die Verlängerung von A–E, also den größeren Teil der Strecke, hinzufügte. Das läßt sich beliebig wiederholen.«

»Ganz simpel, wenn man's kapiert hat«, sagte Ralf. »Und was

hat dieser Goldene Schnitt mit unserem Stern von Karlsruhe zu tun?«

»Alle Strecken auf unserem Stern entsprechen gleichzeitig den klassischen Proportionen des Goldenen Schnitts.« Sven grinste besserwisserisch.

»Wieso? Das verstehe ich nicht. Dann müßten die Linien ja im Verhältnis des Goldenen Schnitts unterbrochen sein...«

»Sind sie auch!« triumphierte Sven. »Aber jetzt paßt gut auf: Bei einem Fünfstern gibt es die direkten Linien, welche auf die jeweiligen Spitzen des Sterns zulaufen. Dann kann man auch noch die Spitzen untereinander durch Linien verbinden und erhält auf diese Weise das Fünfeck, das ›Pentagramm‹. Diese Verbindungslinien des Pentagramms, die von einem Punkt zum andern laufen, überqueren nicht nur unberührten Boden, sondern ihre direkten Querlinien durchstoßen sehr exakt die Kirchen der verschiedenen Ortschaften. So wird die Strecke Klosterwald–St. Wendelin unterbrochen durch St. Margarethen. Dabei bildet die Distanz Klosterwald–St. Margarethen den größeren Teil des Goldenen Schnitts, St. Margarethen–St. Wendelin hingegen den kleineren Teil der Strecke des Goldenen Schnitts. Das geht fröhlich so weiter: Die Distanz Klosterwald–Kleinsteinbach wird unterbrochen durch Langensteinbach. Den größeren Teil des Goldenen Schnitts bildet die Strecke Klosterwald–Langensteinbach, den kleineren Teil die Strecke Langensteinbach–Kleinsteinbach. Und noch etwas sehr Verblüffendes las mir Alfons vor: Die Strecke Eggenstein–St. Wendelin führt durch die Kirche von Knielingen, das ist ein heutiger Stadtteil von Karlsruhe. Was meint ihr, was das Stadtwappen von Knielingen zeigt? Na? Fällt euch nichts ein? Ein Pentagramm!«

Andy und Ralf waren baff. »Dann müssen die Stadtväter von Knielingen also gewußt haben, daß ihr Ort Bestandteil eines Pentagramms ist?«

»Eben nicht! Das ist ja das Verrückte. Das Pentagramm im Stadtwappen von Knielingen ist so alt, daß selbst die heutigen Stadtväter nicht mehr wissen, wie es da hineingeriet.«

»Komisch, sehr komisch!« sagte Ralf. »Fassen wir einmal zusammen, was bislang auf dem Tisch liegt:

Cornelia in Spiez findet alte Karten mit vielen Strichen, die sich kreuzen und auch strahlenförmig zusammenlaufen. Über bestimmten Orten wie zum Beispiel Karlsruhe ist ein Stern eingezeichnet. Die Karten sind unvollständig, zeigen aber Ausschnitte aus mehreren europäischen Ländern…«

»…und sind vor mindestens sechzig Jahren gezeichnet worden!« ergänzte Sven.

»Gut. Die Kreuzungspunkte haben irgend etwas mit Altertümern zu tun, beispielsweise mit den Externsteinen im Teutoburger Wald oder mit den Ringen unter dem Feld bei Schmiedorf in Niederbayern. Auch der fünfzackige Stern über Karlsruhe muß schon in vorchristlicher Zeit entstanden sein, denn die heutigen Kirchen, an welchen die Eckpunkte enden, waren einst heidnische Kultplätze. Was überhaupt nicht ins Modell paßt, denn die Menschen vor Jahrtausenden verfügten über keine Meßinstrumente, mit denen sie derartige Riesensterne über das Gelände stülpen konnten…«

»Vielleicht haben sie Schnüre gezogen«, bemerkte Andy, der eifrig mitdachte.

»Kaum«, konterte Sven. »Dreißig Kilometer lange Schnüre über hügeliges Gelände? Und das in der Steinzeit? Nicht auszudenken!«

»Und wenn schon«, fuhr Ralf dazwischen, »was war ihr Motiv? *Weshalb* sollten sie ein mächtiges Pentagramm in die Landschaft übertragen? Was für ein Kult, was für eine Religion hätte sie dazu getrieben? Wollten sie irgendwem zeigen, daß sie in der Lage waren, ein derartiges Bild ins Gelände zu legen? *Wem?* Zudem erkennt man die Form des fünfzackigen Sterns nur auf der Karte.«

»Oder aus der Luft!« Der blitzgescheite Sven warf es wie beiläufig dazwischen.

»Das ist doch Blödsinn!« sagte Ralf und winkte ab. »Die Steinzeitmenschen konnten vor Jahrtausenden gar nicht fliegen! Es gab weder Flugzeuge noch Satelliten oder Heißluftballons. Wir müssen uns etwas anderes einfallen lassen.«

»Hm! – Und was ist mit den schnurgeraden Linien auf den alten Karten, die über Hunderte oder gar Tausende von Kilometern in die Nachbarländer laufen? Nach Frankreich im Westen? Nach Dänemark und England im Norden? Das muß doch alles irgendeinen Sinn haben, und der Zeichner, der die alten Karten mit den Linien und Sternen versah, muß hinter das Geheimnis gekommen sein.«

Andy räusperte sich. »Vielleicht wurde er deswegen ermordet, und der Mörder versteckte die Kartenblätter, die Cornelia jetzt zufälligerweise wiederfand?«

Die drei Jungen schwiegen. Jeder hing seinen Gedanken nach, bis Ralf bemerkte: »Ich sollte Catherine in England anrufen und ihr ankündigen, daß sie die fotokopierten Blätter von mir erhält. Die Catherine ist clever, zudem hat sie einen älteren Bruder, der Journalist ist. Die werden doch sicher herauskriegen, was die Linien in England zu bedeuten haben. Wir müssen nur systematisch vorgehen und Stück für Stück des Puzzles zusammensetzen. So wie bei einem Bilderrätsel.«

»Sind wir dann in Lebensgefahr?« Es war wieder Andy, der die Frage stellte. Er spielte mit den Fingern, biß auf die Lippen und starrte auf die fotokopierten Blätter, die vor ihm auf dem Tisch lagen.

»Quatsch!« Der Schnelldenker Sven wischte den Gedanken vom Tisch. »Du schaust dir zu viele Krimis im Fernsehen an. Erstens weiß kein Mensch, was wir hier suchen, wir wissen es ja selbst nicht einmal. Und zweitens, wenn der Unbekannte, der die Karten zeichnete, ermordet wurde, dann ist der Mörder auch schon lange tot. Das Ganze liegt ja mindestens sechzig Jahre zurück!«

Das war einleuchtend, und trotzdem blieb das eigenartige Gefühl, das alle Geheimnisse begleitet. »Ich ruf' jetzt Catherine an.« Ralf ging zur Tür. »Macht euch Gedanken über die Herren der Sterne, ich bin gleich wieder da.«

Es dauerte volle 20 Minuten, bis er zurückkehrte. Er hatte drei Gläser zwischen die Finger geklemmt, hielt in der anderen Hand eine Flasche Cola und einige Zettel. Mit erwartungsvoller Miene schenkte er die Gläser voll und glättete dann die Papierfetzen auf dem Tisch.

»Das wird wohl eine längere Sitzung«, spottete Sven.

»Nicht unbedingt, aber eine interessante. Kennst du aus deinen klugen Büchern einen Ort namens Stonehenge?«

»Ja«, antwortete Sven. »Das ist so ein uralter, riesiger Steinkreis in England.«

»Aber nicht der einzige. Da gibt es noch die Steinkreise von Avebury, Rollright, Swinside, Stanton Drew und so weiter. Insgesamt liegen über England, Irland und Schottland mehrere hundert Steinkreise. Und kein Mensch weiß, weshalb sie vor Jahrtausenden errichtet wurden. Das ist aber noch nicht alles: Viele der Linien auf unseren Karten scheinen direkt über diese Steinkreise zu laufen. Catherine sagte, sie müßte dies auf einer exakten Karte überprüfen. Und jetzt haltet euch fest. In England gibt es nicht nur jahrtausendealte Steinkreise, sondern auch Ringe und Zeichen, die erst jetzt entstehen…«

»Verstehe ich nicht«, unterbrach ihn Sven. »Du meinst, die Engländer machen auch heute noch Steinkreise?«

»Unsinn! Die Kreise entstehen von selbst, einfach so über Nacht. Am Morgen sehen die Bauern wieder neue Kreise und andere Zeichen in ihren Feldern. Kein Mensch kann sich erklären, was da vor sich geht. Manche dieser Kreise und Zeichen liegen in allernächster Nähe zu den vorgeschichtlichen Steinsetzungen.«

»Das ist unmöglich!« rief Sven. »Nichts entsteht über Nacht einfach so. Da erlaubt sich jemand einen Spaß, einen Jux, um die Leute an der Nase herumzuführen.«

»Dasselbe habe ich Catherine gesagt. Hört mir mal ruhig zu und unterbrecht mich nicht dauernd. Ich habe mir das Wichtigste notiert…«[5].

Überraschend stand Vater Wehner in der Tür.

»Hallo, Freunde!« begrüßte er seine drei Jungen. Sie mochten es, wenn er »Freunde« und nicht »Kinder« sagte. »Bei euch denkt wohl keiner ans Abendessen? Kein Hunger, mein Kleiner?«

Eifrig nickte Andy: »Doch – schon… aber wir sind einer unglaublichen Geschichte auf der Spur.« Er wollte lossprudeln und alles erzählen, doch der Vater unterbrach ihn.

»Das können wir bei Tisch bereden. Auf was habt ihr Lust?«

»Etwas, das schnell geht«, erwiderte Ralf. »Die Geschichte, die wir hier ausbrüten, ist wirklich sehr spannend.«

»Käseschnitten! So wie wir sie bei Cornelia in der Schweiz gehabt haben. Das geht schnell und schmeckt gut. Ich mach' sie!« rief Sven und stürmte auch schon in die Küche.

»Gut«, meinte der Vater. »Dann soll der Kleine aufdecken, und

Ralf hilft mir schnell, einen Sack Kartoffeln aus dem Wagen zu tragen. Ich habe vom Bauern gleich fünfzig Kilo mitgebracht.«

Die Käseschnitten nach Schweizer Art sind ein einfaches Mahl, das – wenn man Käse mag – hervorragend schmeckt. Man nimmt pro Person zwei Scheiben Graubrot. Hungrige Mäuler verdrücken auch drei. Das Brot wird auf ein Kuchenblech gelegt und je nach Wunsch ganz wenig Weißwein darauf geträufelt. Nun legt man auf jedes Stück Brot eine etwa fünf Millimeter dicke Scheibe eines würzigen Käses. Es soll kein Weichkäse sein, sondern ein Emmentaler oder Greyerzer oder ein holländischer Gouda. Alle diese Käsesorten findet man in jedem Käseladen. Nun wird das Kuchenblech mit den Käseschnitten in den Backofen geschoben – wenn's sehr schnell gehen soll, tut's auch der Mikrowellenherd. Nach etwa 15 Minuten ist der Käse weich und beginnt von den Brotscheiben zu tropfen. (Im Mikrowellenherd dauert das 2–3 Minuten.) Jetzt raus aus dem Backofen und direkt auf den Tisch. Achtung, das Kuchenblech ist heiß, und bevor man es auf den Tisch stellt, muß unbedingt ein Holzbrettchen darunter! Die Käseschnitten werden mit einer Tortenschaufel auf den Teller gelegt und mit schwarzem Pfeffer aus der Pfeffermühle, süßem Paprika und etwas Muskat bestreut. Übrigens: In allen Pfeffermühlen sollte immer schwarzer Pfeffer sein. Er ist sehr würzig und nicht eigentlich scharf. Für den weißen Pfeffer ist die Streudose da. Die Käseschnitten ißt man mit Messer und Gabel. Als Beilage werden Essiggurken und Perlzwiebeln gereicht. Als Getränk eignet sich am besten schwarzer Tee.

Während der Mahlzeit berichteten die Jungen ihrem Vater, was sie alles herausgefunden hatten. Der nickte immer wieder, unterbrach ganz selten mit einer Zusatzfrage und sagte am Ende: »Die Geschichte mit den Linien, die über ganz Europa verlaufen, ist sehr seltsam. Noch seltsamer aber ist eure Schilderung mit dem Stern bei Karlsruhe. Seid ihr denn ganz sicher, daß euch auf der Karte kein Fehler unterlaufen ist?«

»Bestimmt nicht!« hakte Sven ein. »Ich habe das alles mit Onkel Alfons am Telefon durchgesprochen.«

»Hm? Und was habt ihr für eine Lösung?«

»Keine«, antwortete Ralf. »Uns ist völlig unverständlich, weshalb Menschen in der Steinzeit ein Pentagramm über die Landschaft stülpten. Wir ahnen nicht einmal, *wie* sie das fertigbrachten.«

»Wirklich merkwürdig«, brummte der Vater. Er war Bibliothekar in der Stadtbibliothek und verstand berufsbedingt sehr viel von Büchern. Schon frühzeitig hatte er seinen Kindern klargemacht, wie leicht man alle möglichen Informationen aus Sachbüchern und der wissenschaftlichen Literatur herausholen konnte. Er hatte ihnen erklärt, hinter jedem Zitat und hinter jeder Information stehe irgendeine Quelle. In ihren Büchern markieren die Schriftsteller jede Quelle mit einer fortlaufenden Nummer, welche in eckige Klammern gesetzt wird. Zum Beispiel [1]. *(Hallo, junge Freunde, diese Regel gilt auch in diesem Buch.)* Am Ende des Buches ist ein »Quellenverzeichnis« oder »Literaturverzeichnis« abgedruckt. Jetzt muß man nur noch unter der betreffenden Nummer nachschauen und weiß sofort, aus welcher Quelle der Schriftsteller seine Information bezogen hat. Wer die Information ausführlicher nachlesen möchte, geht zur Bibliothek und sucht das betreffende Werk im Autoren- oder Sachkatalog. Wenn eine Bibliothek das gesuchte Werk nicht am Lager hat, kann man es über den Bibliotheks-Leihdienst bestellen. Das dauert zwar zwei Wochen, doch gibt es selten ein Buch, das nicht ausfindig gemacht werden kann.

»Über die Sache mit den Kreisen und den eigenartigen Zeichen in Englands Kornfeldern stand in den vergangenen Jahren viel in den Zeitungen und Zeitschriften«, erklärte der Vater. »Wir haben zwei Bücher in der Bibliothek, die viele Bilder enthalten. Ich werde sie morgen mitbringen [6, 7]. Die ganze Angelegenheit ist sehr umstritten. Vom naturwissenschaftlichen Standpunkt aus betrachtet, ist es völlig ausgeschlossen, daß plötzlich eigenartige Zeichen in den Feldern auftauchen. Alles hat seine Ursache, seinen Grund, und diese Ursache muß feststellbar sein. Deshalb suchen die Wissenschaftler nach einer natürlichen Erklärung für das Phänomen.«

»Papi, was ist ein Phänomen?«

Es war richtig, wenn Andy immer fragte. Der Vater hatte es ihnen längst eingehämmert, nicht einfach zuzuhören, wenn ein Fremdwort nicht verstanden wurde.

»Das Wort ›Phänomenon‹ stammt ursprünglich aus dem alten Griechenland und bedeutete soviel wie ein ›Ärgernis‹. Im heutigen Sprachgebrauch meint man mit ›Phänomen‹ etwas Unerklärliches, Phantastisches, irgendwie für die Wissenschaft sogar etwas ›Ärgerliches‹. Die Zeichen in Englands Feldern sind also ein richtiges Phänomen. Der erste Gedanke, die Rätselnuß zu knacken, ist die Fälschung. Irgendwer macht sich einen Spaß daraus, die Zeichen in die Felder zu trampeln. Tatsächlich sind in den Korn- und Rapsfeldern Fälschungen entlarvt worden. Nur sind diese Fälschungen sehr leicht von den anderen Zeichen zu unterscheiden. Die Linien sind unsauber gezogen, die Ähren geknickt, eine richtige Stümperarbeit.«

Hier hakte Sven mit seinem besonders wachen Verstand ein. »Wer fälscht solche Zeichen und warum?«

Bevor der Vater zur Antwort kam, machte Ralf einen Vorschlag. »Aus Spaß, um die Leute zum Narren zu halten und sich über ihre Reaktionen lustig zu machen. So ähnlich wie bei der ›versteckten Kamera‹.«

»Und auch aus Profitgier«, ergänzte der Vater. »In der Gegend gibt es viele kleine Hotels und Pensionen. Seit die ›Herren der Ringe‹ ihr Spiel treiben, sind diese Häuser Sommer für Sommer ausgebucht! Wie ich aber vorher darlegte, gibt es nur sehr wenige Fälschungen. Auf hundert unerklärliche Zeichen kommen vielleicht ganze drei Fälschungen. Man sucht deshalb nach neuen Lösungen. So ist vorgeschlagen worden, irgendein durchtriebener Chemiker könnte ein Pflanzenvernichtungsmittel in die Felder gegossen haben, als die junge Saat gerade ausgesät war. Mit diesem Pflanzenvernichtungsmittel könnten ganz bestimmte Figuren gegossen werden. Später, wenn die Saat aufgeht und die Pflanze heranwächst, wirkt plötzlich das Pflanzenvernichtungsmittel, und zwar nur und ausschließlich in der vorher eingegossenen Figur. Die Ähren legen sich zu Boden, ohne daß ein Trampelpfad nachweisbar wäre. Und die Menschheit stünde eben vor einem Phänomen.«

»Was ist deine Meinung? War es so?« wollte Ralf wissen.

»Das Ärgerliche an dieser vorgeschlagenen Lösung ist folgendes: Die Kreise und Zeichen entstehen nur über Nacht. Man kann sich aber kein Pflanzenvernichtungsmittel vorstellen, das ausschließlich über Nacht wirkt. Zudem gibt es inzwischen über vierhundert dieser Zeichen allein in England. Die Fälscher mit den Pflanzenvernichtungsmitteln müßten bereits mit Tanklastwagen in die Felder fahren.«

»Was bleibt denn noch als Lösung übrig? Was könnte die Zeichen hervorrufen? Und stehen die Zeichen in irgendeinem Zusammenhang mit den jahrtausendealten Steinkreisen«? fragte Ralf.

»Einige Forscher vermuten das«, sagte der Vater bedächtig. »Ihr wißt doch, daß es in unserer Bibliothek immer wieder neue Bücher gibt. Es gehört zu meinem Beruf, da hineinzuschauen, sonst kann ich schließlich die Bibliotheksbenutzer nicht beraten. So las ich kürzlich über Zusammenhänge zwischen den seltsamen Zeichen und den vorgeschichtlichen Steinkreisen. Es muß doch zu denken geben, daß die heutigen Zeichen in denselben geographischen Räumen liegen, in denen bereits uralte Ungereimtheiten existieren. So ist in einem Hügel bei Uffington in England ein hundertelf Meter langes, weißes Pferd eingezeichnet. Es muß vor über zweitausend Jahren angelegt worden sein. Und beim englischen Dörfchen Cerne haben Menschen vor unbekannter Zeit einen weißen, keulenschwingenden Mann in den Hügel gekratzt. Man nennt ihn den ›weißen Riesen‹.

Es gibt sogar Forscher, die vermuten, die Zeichen in England stünden in irgendeinem Zusammenhang mit Außerirdischen. Das ist zwar alles sehr spekulativ, aber dennoch nicht ausgeschlossen.«

»Du meinst mit UFOs und ähnlichen Dingen?« fragte Ralf ungläubig. Er schaute seinen Vater an, als habe der den Verstand nicht mehr ganz beisammen.

»Ihr quatscht wieder über Sachen, die ich nicht verstehe«, mekkerte Andy gekränkt. »Ich will auch wissen, worüber ihr redet!«

»Er hat recht«, erwiderte der Vater. »Paß auf, ich will es dir rasch erklären: Eine ›Spekulation‹ ist eine Behauptung, die man nicht beweisen kann. Irgendwer erzählt irgend etwas, aber er hat keine Belege dafür. Es ist einfach nur eine Vermutung. Die drei Buchstaben UFO sind die Abkürzung für ›unbekannte, fliegende Objekte‹ und ›Außerirdische‹ sind Wesen, die nicht von unserer Erde stammen.«

»Woher weiß man eigentlich, daß es Außerirdische gibt, und in welchem Zusammenhang sollen sie mit den komischen Zeichen in England stehen?« wollte Sven wissen, der immer noch glaubte, Vater erlaube sich einen Spaß.

»Genaugenommen weiß man es nicht«, antwortete Vater Wehner, »aber es gibt gute Gründe für die Annahme, daß es Außerirdische geben *muß*. Schaut, Jungens, wenn ihr in einer sternenklaren Nacht zum Himmel starrt, dann seht ihr neben Tausenden von Sternen auch das helle Band der Milchstraße. Ein anderes Wort für Milchstraße ist ›Galaxie‹. Unser Sonnensystem ist Bestandteil unserer Milchstraße oder unserer Galaxie. Neben unserer Galaxie haben Astronomen mit ihren riesigen Teleskopen noch Abertausende, ja sogar Millionen von anderen Galaxien aufgespürt. Nun besteht allein unsere Galaxie aus schätzungsweise zweihundert Milliarden Sternen. Jeder Stern ist eine Sonne. Ich will euch jetzt eine Rechnung aufmachen, die ihr sofort versteht.

Wie viele dieser zweihundert Milliarden Sonnen in unserer Galaxie könnten von Planeten umkreist sein? Jede zehnte? Gut, dann hätten wir zwanzig Milliarden Sonnensysteme.

Damit sich auf einem Planeten Leben wie das unsrige entwickeln kann, muß der betreffende Planet im idealen Abstand zu seiner Sonne liegen. Liegt er zu nahe an der Sonne – wie beispielsweise unser Merkur –, dann ist es dort viel zu heiß. Auf glühenden Himmelskörpern kann sich kein Leben entwickeln. Liegt er zu weit weg von der Sonne – wie beispielweise unser Uranus –, dann ist es eiskalt, vielleicht sogar mehr als hundert Grad unter Null. Dort kann sich auch kein Leben herausbilden. Wir sprachen gerade von zwanzig Milliarden Sonnensystemen. Wie viele davon könnten Planeten besitzen, die im idealen Abstand um ihre Sonne kreisen? Jedes zehnte? Dies ergäbe zwei Milliarden Planeten.

Wie viele von diesen zwei Milliarden Planeten, die von der Temperatur her Leben hervorbringen könnten, haben tatsächlich Leben hervorgebracht? Nur jeder zehnte? Dann hätten wir zweihundert Millionen Planeten mit Leben.

Wie viele dieser Planeten haben fortgeschrittene Lebensformen hervorgebracht? Jeder zehnte? Das macht zwanzig Millionen Planeten mit fortgeschrittenem Leben!

Wie viele dieser fortgeschrittenen Lebensformen sind der Menschheit ebenbürtig? Jede zehnte? Das ergibt zwei Millionen ebenbürtige intelligente Lebensformen.

Wie viele darunter könnten uns in ihrer technologischen Entwicklung voraus sein? Vielleicht, weil das Leben auf ihrer Heimatwelt ein paar Jahrzehntausende früher begann als auf der Erde? Jede zehnte? Wir hätten immer noch zweihunderttausend intelligente Lebensformen allein in unserer Galaxie, die uns voraus sind.

Wie ihr seht, spricht die rechnerische Wahrscheinlichkeit für Außerirdische. Dazu kommen philosophische Betrachtungen. Glaubt ihr, der liebe Gott habe das ganze Universum mit Milliarden und Abermilliarden von Sternen nur einzig und allein wegen der Menschen erschaffen? Das wäre recht anmaßend von uns.

In neuerer Zeit gibt es noch andere Gründe, die für außerirdisches Leben sprechen. Früher glaubte man, der Raum zwischen den Sternen sei völlig leer. Inzwischen weiß man, daß dies falsch war. Damit Leben entstehen kann, braucht es ganz bestimmte ›Lebensbausteine‹, das sind Moleküle der verschiedensten Art...«

»Halt! Was sind das, ›Moleküle‹?« warf Andy ein.

»Die kleinste Einheit in der Natur ist das Atom. Wenn sich zwei Atome zusammenketten, ergibt dies das kleinste denkbare Molekül. Es gibt Ketten von Abertausenden von Atomen, das sind dann größere Moleküle oder ›Makromoleküle‹. Eben diese ›Makromoleküle‹ sind auch Bausteine des Lebens. Und viele derartige Bausteine sind von Radioastronomen und auch von Satelliten nachgewiesen worden. Dies alles erhöht die Wahrscheinlichkeit von außerirdischem Leben. Zudem gelang vor einiger Zeit ein dramatischer Beweis. Der deutsche Professor Pflug konnte in Meteoriten, die von außerhalb der Erde stammen, organisches Material feststellen.« [8]

»Was ist *das* schon wieder?« jammerte Andy. Er war wißbegierig und ließ nicht locker. Gut so!

»Viele Moleküle haben mit dem Leben nichts zu tun. Zum Beispiel die Moleküle in einem Kristall oder einem Stein. Andere gehören zu lebenden Organismen, zum Beispiel zu Bakterien, Pflanzen oder Tieren. Die Molekülketten im lebenden Material nennt man ›organisch‹. – Begriffen, mein Kleiner?«

»Und wie!« protzte Andy. »Man muß es nur mal erklärt bekommen.« Die Jungen bewunderten ihren Vater immer wieder. Er hatte ein großes Wissen und verstand es, ihnen auch komplizierte Sachverhalte näherzubringen. Wenn das nur auch die langweiligen Lehrer in der Schule könnten!

»Papi, du weißt sicher genausogut wie ich, daß das alles noch nicht für die UFOs spricht«, meinte Ralf. »Unser Physiklehrer sagte, die Distanzen im Universum seien derart groß, daß es völlig unmöglich sei, von einem Stern zum anderen zu reisen. Also können auch keine UFOs hier sein, und sie können auch nichts mit den merkwürdigen Zeichen in Englands Feldern zu tun haben.«

»Mmmm – sachte, sachte«, erwiderte der Vater geduldig. »Die Distanzen von einem Stern zum andern sind tatsächlich riesengroß. Man spricht nur von Lichtjahren. Das ist die Strecke, die das Licht in einem Jahr zurücklegt. Pro Sekunde sind es rund 300 000 Kilometer oder in einem Jahr etwa 9,5 Billionen Kilometer. Die nächsten Sterne von unserer Sonne tragen die Namen Proxima Centauri und Alpha Centauri. Sie liegen 4,2 und 4,3 Lichtjahre von uns entfernt. Die Astronomen nehmen an, diese Nachbarsterne hätten keine Planeten und wären auch aus anderen Gründen ungeeignet für Leben. Im Umkreis von fünfzig Lichtjahren gibt es aber bereits eintausend Sterne, von denen etwa fünfzig ganz ähnlich sind wie unsere Sonne, und die tatsächlich auf der Kandidatenliste für fortgeschrittenes Leben stehen. Natürlich wissen wir nicht, wie Außerirdische, die uns technologisch voraus sind, die gigantischen Distanzen überbrücken, doch haben kluge Gelehrte auch darüber nachgedacht und verschiedene Ideen entwickelt, wie man es tun könnte.«

Jetzt waren die Jungen hellhörig geworden. Sie rutschten ungeduldig auf ihren Stühlen. Was ihr Vater da erzählte, war unglaublich! Weshalb hatten sie sich früher nie mit ihm über UFOs und Außerirdische, über das Universum und riesige Distanzen unterhalten?

»Bitte, *wie* sollen Lichtjahre mit einem Raumschiff überbrückt werden?«

Vater Wehner lächelte verständnisvoll. Er freute sich über die Fragerei seiner Söhne. »Professor Gerard O'Neill, ein Mitarbeiter der amerikanischen Luft- und Raumfahrtbehörde, der NASA, errechnete die Möglichkeit von Generationenraumschiffen. [9] Darunter versteht man gigantische Gebilde, größer als unsere größten Ozeandampfer, in denen wie in einer Klostergemeinschaft mehrere Generationen leben. Während der Fahrt würde also geliebt, gelebt, geboren und gestorben. Erst die x-te Generation würde am Ziel ankommen.«

»Höchst unwahrscheinlich«, warf Ralf dazwischen. »Auf so einem ›Weltraum-Ozeandampfer‹ möchte ich nicht leben. Wie lange müßte denn so ein Riesenraumschiff unterwegs sein, um zum Beispiel die Distanz von zehn Lichtjahren hinter sich zu bringen?«

»Auch darüber gibt es verläßliche Zahlen. Der Astronom und Mathematiker Michael Papagiannis von der Universität Boston in den USA errechnete, daß die Distanz von zehn Lichtjahren bei einer Geschwindigkeit von nur zwei Prozent der Lichtgeschwindigkeit in fünfhundert Erdenjahren überbrückbar wäre.« [10]

»Kannst du das auch einem Zwölfjährigen klarmachen«, seufzte Andy, verdrehte die Augen und wackelte mit dem Kopf.

»Wenn ein Raumschiff in jeder Sekunde 6000 Kilometer zurücklegen könnte, wären dies zwei Prozent der Lichtgeschwindigkeit. Damit könnte man die Strecke von zehn Lichtjahren in 500 Erdenjahren überbrücken.«

»Entschuldige Papi, aber das ist nun wirklich weit hergeholt«, widersprach Sven. »Wie, um alles in der Welt, soll ein gigantisches Raumschiff auf 6000 Kilometer pro Sekunde beschleunigt werden? Das ist ja glatter Wahnsinn!«

Vater Wehner gab sich friedlich. »Ihr habt ja recht, das klingt reichlich unrealistisch. Dennoch sind die Fachleute der Meinung, in etwa hundert Jahren ab heute 6000 Kilometer pro Sekunde erreichen zu können. Natürlich nur im Weltraum. Die Spezialisten, die sich mit derartigen Fragen auseinandersetzen, denken an verschiedene Triebwerkarten. Man redet von atomaren Triebwerken, von thermonuklearen Triebwerken und sogar von Triebwerken, die mit Anti-Materie gespeist werden. Es würde wirklich zu weit führen, das alles auch noch zu erklären, zudem bin ich kein Raketenspezialist. Ich weiß aber aus der Literatur, daß derartige Triebwerke auf dem Papier bereits existieren.« [11]

»Meinetwegen«, gab sich Ralf zufrieden. »Selbst wenn Außerirdische unseren Planeten erreichen könnten, was hat das alles mit den Kreisen und Zeichen in England zu tun? Wenn UFOs da wären, würden sich die Besatzungen doch nicht mit derartigen Kindereien abgeben. Die hätten doch viel Wichtigeres zu tun, als irgendwelche Zeichen in den Feldern darzustellen. Wo bleibt da die Logik?«

»Nur langsam, meine jungen Freunde! Wenn ihr prüfen wolltet, ob eine Affenart intelligent ist, wie würdet ihr dann vorgehen? Was meinst du, Sven?«

»Ich hab' mal einen Film gesehen, der hieß ›Planet der Affen‹ oder so ähnlich. Da kamen zwei Affen auf die Erde, und ein Wissenschaftler testete ihre Intelligenz. Er legte ihnen geometrisch verschiedene Figuren vor, um zu prüfen, ob sie die Affen in der richtigen Reihenfolge zusammensetzen konnten – du meine Güte! Jetzt verstehe ich, auf was du hinaus willst!«

»Aber ich verstehe nichts!« protestierte Andy. »Ich bin auch nur ein Mensch!«

Ralf hatte den ungeheuerlichen Gedanken ebenfalls begriffen. Er erklärte es dem jüngeren Bruder.

»Die Außerirdischen könnten mit den Zeichen testen, wie intelligent wir sind. Eines Morgens liegt ein perfekter, großer Kreis in einem Feld. Die Menschen denken sich nichts dabei. Ein paar Tage später liegt ein anderer Kreis im selben Feld. Wiederum denken sich die Menschen nichts Besonderes. Und einige Tage danach sind die beiden Kreise mit einem Querbalken verbunden. Wieder denken die Menschen nichts Besonderes und beweisen damit, daß sie dumm sind.«

»Wieso?«

»Der erste Kreis könnte das Zeichen für ein Atom sein. Der zweite Kreis ist ebenfalls ein Atom. Der Querbalken verbindet die Kreise zur kleinsten molekularen Einheit. Wenn wir es begreifen, müßten wir jetzt dieses Molekül durch weitere Atome ergänzen. Aus unserem Verhalten könnten die Außerirdischen ablesen, daß wir den Aufbau der Materie verstanden haben. Aber auch, daß wir Mikroskope und anderes technisches Gerät besitzen müssen, sonst würden wir die Zusammenhänge in der Materie nicht verstehen.«

Jetzt schoß der Schnelldenker Sven dazwischen: »Wenn Außerirdische uns beobachten, dann wissen sie doch ohnehin, daß wir intelligent sind. Sie sehen schließlich unsere Städte, Autos, Flugzeuge und so weiter, alles Produkte der Intelligenz. Da müssen sie doch keine Spielchen mehr mit uns treiben?«

»Ein sehr gutes Argument«, pflichtete Vater Wehner bei. »Und doch bleibt da eine Lücke. Die Außerirdischen erkennen zwar die Produkte unserer Intelligenz, sie beobachten unsere Technik, aber sie möchten wissen, wie wir Menschen mit der Existenz von Außerirdischen fertig werden. Wie reagiert eine Wildkatze auf den Menschen? Sie rennt weg, hat Angst, versteckt sich. Sie bleibt nicht tapfer stehen und versucht, mit dem Menschen in Kommunikation zu treten. Zwischen Menschen und Außerirdischen ist es nicht anders. Wenn plötzlich überall Außerirdische auftauchen würden, wenn sich UFOs über Fußballstadien zeigen würden, bekämen wir Angst. Eine Panik würde die Menschheit erfassen, wir müßten denken, die Außerirdischen wollten uns überfallen. Ein derartiges Verhalten von Außerirdischen wäre nicht gerade nett. Sie würden uns zu Tode erschrecken, und wir müßten ihr Auftauchen als massiven Eingriff in unser Leben betrachten. Deshalb könnten die Außerirdischen zuerst einmal testen, ob wir überhaupt bereit sind, ihre Existenz zu verkraften. Ob wir willens sind, mit ihnen in Verbindung zu treten. Ein derartiger Test könnte in ganz kleinen Schritten geschehen, eben durch die rätselhaften Zeichen in den englischen Feldern.«

»Und was geschieht, wenn wir nicht reagieren?« fragte Ralf.

»Ich vermute, dann werden sie den Versuch abbrechen und in einigen Jahren erneut anklopfen.«

»Würden wir dadurch nicht eine phantastische Möglichkeit ungenutzt verstreichen lassen?«

»Sicher«, antwortete der Vater mit einem nachdenklichen Unterton in der Stimme. »Der vernünftige Mensch sucht immer nach vernünftigen Lösungen. Und wenn plötzlich rätselhafte Zeichen in vielen Feldern auftauchen, sucht er nach einer Lösung, die ihn befriedigt. Hier sehe ich die Gefahr, daß wir eine einzigartige Chance verstreichen lassen. Denn seht, Jungens, wenn nun plötzlich jemand daherkommt und lauthals verkündet, er selbst habe die Zeichen in den

Feldern gefälscht, dann glauben wir das augenblicklich. Wir sind dann froh, endlich eine vernünftige Erklärung für das Phänomen gefunden zu haben. Wir suchen nicht mehr nach neuen Antworten und haken die Zeichen in den Feldern als erledigt ab.«

»Das sind sie doch auch, wenn ein Fälscher zugibt, alles selbst gemacht zu haben«, sagte Ralf.

»Nicht unbedingt, mein Sohn! Die Zeichen vermehren sich seit fünfzehn Jahren. Schon sind es über vierhundert. Ein Fälscher mag sein Spiel zwei oder drei Jahre lang treiben. Dann darf er an die Öffentlichkeit treten und zugeben, was er getan hat. Man wird es ihm glauben. Kommt er aber erst nach fünfzehn Jahren und bei Hunderten von Zeichen, wird er unglaubwürdig. Das Geständnis kommt zu spät!«

Vater Wehner blickte auf die Uhr. »Himmel, es ist schon halb elf! Freunde, ihr müßt ins Bett. Morgen ist ein Schultag! Wir haben ja ganz schön lange diskutiert!«

»Und was machen wir jetzt mit dem Stern über Karlsruhe? Mit den vielen Linien auf Cornelias Karte? Vielleicht haben die auch etwas mit Außerirdischen zu tun?«

»Das glaube ich kaum«, antwortete Vater Wehner, »doch sollten wir Arbeitsgruppen bilden.

Ich schlage folgendes vor: Morgen bringe ich Bücher mit über die Steinkreise in England. Sven soll sie lesen, und das Wichtigste daraus notieren. Dann soll er uns berichten, was er herausgekriegt hat. Du, Ralf, schreibst sowohl an Catherine in England als auch an Lars in Kopenhagen. Beide sollen herausfinden, ob sich unter den Linien, die sich über ihre Länder ziehen, irgendwelche Altertümer befinden. Dann telefonierst du mit Cornelia in Spiez, das wirst du wohl besonders gerne tun. Du hattest gesagt, sie habe eine Brieffreundin in Frankreich. Cornelia soll uns alles wissen lassen, was sie von ihrer Brieffreundin erfährt. Der Andy soll sich mit dem Nächstliegenden befassen, mit den Externsteinen. Er soll die Karten studieren und herausfinden, was so Besonderes unter den Linien liegt, die von den Externsteinen ausgehen. Das ist einfach, Andy. Schreibe dir die Ortschaften heraus, welche an den Kreuzungspunkten der Linien liegen. Dann beschaffen wir uns Prospektmaterial von den Orten und werden bald sehen, ob sie irgend etwas mit alten Kulturen zu tun haben. Ja, und ich selbst versorge euch mit der nötigen Literatur. Einverstanden?«

»Du hättest Feldherr werden sollen«, sagte Ralf. »Alles in Ordnung, nur...«

»Ja, was ist noch?«

»Wir sollten unseren nächsten Urlaub so planen, daß wir die rätselhaftesten Punkte persönlich ansteuern können. Mein Physiklehrer sagt immer, erst beim persönlichen Augenschein gehen einem die Lichter auf!«

»Ja! Ja!« riefen Andy und Sven gleichzeitig. »Wir müssen nach England, nach Dänemark und nach Frankreich. Wir wollen alles sehen!«

»Nur eines nach dem andern.« Vater Wehner grinste. »Jetzt verschwindet endlich in die Heia!«

»Und in die Schweiz möchte ich auch noch, zu Cornelia«, fügte Ralf hinzu.

»Auch das wird sich machen lassen! Schließlich sind wir Camper und können preisgünstig reisen!« Vater Wehner zwinkerte seinem ältesten Sohn zu. »Ich habe doch längst gemerkt, daß es bei dir und Cornelia gefunkt hat!«

Die Rätsel mehren sich

Zwei Monate später. Es war naß und kalt geworden. Die Schaufenster der Geschäfte prunkten im Weihnachtsglanz. Trotz der unangenehmen Witterungsverhältnisse waren die Fußgängerzone und die Warenhäuser von Detmold mit Menschen überfüllt. Geradeso, als ob Geld in Hülle und Fülle vorhanden wäre. Auch Vater Wehner hatte für seine Jungen eingekauft. Nicht üppig, doch sehr praktisch. Er kannte die Bedürfnisse seiner Jungmannschaft. Vater Wehner verdiente nicht allzugut in der Stadtbibliothek, und wenn der Lottogewinn nicht gewesen wäre, den er ein Jahr nach dem tödlichen Unfall seiner Frau kassieren durfte, sähe es im Männerhaushalt wohl anders aus. So aber konnten sie sich die Camperferien jeden Sommer gerade noch leisten.

Zwischen Weihnachten und Neujahr hatte sich Onkel Alfons angesagt, Svens Pate. Er habe etwas höchst Erstaunliches herausgefunden, meinte er am Telefon. Doch mit der Sprache wollte er nicht herausrücken.

Zwischen Ralf und Cornelia in der Schweiz funkte es ganz gewaltig. Jede Woche gingen Briefe hin und her, und obschon sich die drei Brüder versprochen hatten, sich nicht anzulügen, verriet Ralf keinen Ton über den Inhalt der Briefe.

»Das geht euch nichts an«, wehrte er hartnäckig ab, und: »Jeder Mensch hat ein Recht auf seine Privatsphäre!« Die Briefe von Cornelia versteckte er sorgfältig.

Da sowohl Sven als auch der jüngere Andy recht gute Schüler waren und keine ernsthaften Schwierigkeiten kannten, dem Lehrstoff zu folgen, blieb genügend Zeit, um den Herren der Ringe und den Herren der Sterne auf den Fersen zu bleiben. Sven hatte einen ganzen DIN-A-4-Block mit Notizen vollgeschrieben, weigerte sich aber, über seine Erkenntnisse Auskunft zu geben. Er tat geheimnisvoll und vertröstete seine Brüder mit halbherzigen Antworten.

»Wir halten uns an Papis Spielregeln«, argumentierte er. »Erstens habe ich noch nicht alles beisammen, und zweitens werden wir unsere Geheimnisse erst zwischen Weihnachten und Neujahr besprechen. So ist es abgemacht.«

Auch Andy war nicht untätig geblieben. Er hatte eine Mappe mit Prospekten von Orten gesammelt, die allesamt unter den Linien lagen, welche über die Externsteine liefen. Einzelheiten darüber wolle er nur in einem »Vortrag«, so nannte er es, bekanntgeben.

»Du tust vielleicht geschwollen! Wetten, daß mein Vortrag interessanter ist?« neckte Sven.

Und Ralf, der Älteste, hielt die internationalen Verbindungen. Von Cornelia hatte er Fotokopien von drei fürchterlich langen Briefen bekommen, welche diese ihrerseits von Evelyne in Frankreich erhalten hatte. Alles auf französisch! Obwohl Ralf seit zwei Jahren in der Schule einen Französischkurs belegte, blieben die handgeschriebenen Briefe von Evelyne eine Katastrophe! Es wimmelte von unbekannten Worten und grammatikalischen Satzwindungen. Kein Wunder, wenn Ralf ständig mit dem Wörterbuch »Französisch–Deutsch« herumlief und stets wieder neue Gründe fand, Cornelia anzurufen. Das Französisch von Cornelia war eben besser als das von Ralf. Verständlich, denn in der Schweiz wurden als Hauptsprachen Deutsch, Französisch und Italienisch gesprochen (in Teilen des Bergkantons Graubünden sogar noch Romanisch). Viele Schweizer Kinder wuchsen zweisprachig auf oder verbrachten ihre Schulferien zumindest in einem Kanton, in welchem die andere Sprache gesprochen wurde.

Lars in Kopenhagen enttäuschte. Er hatte nur kurz geantwortet, er müsse für die Schule büffeln und habe keine Zeit, irgendwelchen Rätseln nachzujagen.

Am ersten Weihnachtstag war es soweit. Onkel Alfons kam zum

Mittagessen. Er hatte zwei Bücher bei sich, ein Bündel mit Karten, einen Maßstab und einen Zirkel. Zu Onkel Alfons sollte vielleicht noch gesagt werden, daß er der Bruder von Vater Wehner war und eine Macke hatte. Sobald er etwas länger redete, wurde seine Aussprache ständig durch einen Pfiff unterbrochen, den er ungewollt und unkontrolliert zwischen den breiten Vorderzähnen ausstieß. Man mußte sich daran gewöhnen, um nicht lauthals loszulachen. Er amüsierte sich selbst darüber, war aber nicht in der Lage, die schrillen Pfiffe abzustellen. Nachdem das Mittagsgeschirr abgeräumt und abgewaschen war und Vater Wehner und Alfons Kaffee schlürften, breiteten die fünf Männer – drei Jugendliche und zwei Erwachsene – ihre Papiere aus. Alfons begann.

»Also Kinder... ääh, Freunde, was ihr da entdeckt habt, ist schon eine tolle Sache. Nachdem Sven mir am Telefon gesagt hatte, euer Briefpartner Lars in Dänemark könne – *hhujjj* (Pfiff) – nicht mithalten, habe ich mir die Linien auf Cornelias Karte angesehen, die über Dänemark laufen. Am Anfang wollte überhaupt nichts daraus werden, dann hatte ich Glück. Ich sprach mit meinem Buchhändler, und der verwies mich auf ein Buch, das soeben erschienen war. Eine echte Zufallsentdeckung – *hhujjj* – und ein Glückstreffer dazu. Die Entdeckung stammt von einem dänischen Glasermeister mit Namen Preben Hansson. Dieser Mann ist gleichzeitig Hobbypilot. In seiner Freizeit steigt er in ein sehr kleines, einmotoriges Flugzeug vom französischen Typ ›Mourane Solnier 880‹ und fliegt – *hhujjj* – friedlich über Dänemarks Landschaften und Buchten...«

Vater Wehner unterbrach: »Selbstverständlich sind unsere Regeln so, daß jeder dazwischen fragen darf, wenn ihm etwas nicht klar ist. Ich möchte wissen, wie alt dieser Herr Hansson aus Dänemark ist und ob es einen besonderen Grund gibt, warum er gerade diesen speziellen Flugzeugtyp bevorzugt.«

»Der Däne hat seine Entdeckung im Jahre 1982 gemacht. Damals war er 59 Jahre alt, und den Flugzeugtyp wählte er deshalb, weil diese kleine Maschine besonders – *hhujjj* – langsam fliegt. In seinem Buch, das erst 1990 herauskam [12], sagt Preben Hansson, das kleine Flugzeug sei derart langsam, daß man das Land unter sich gemütlich und ohne Hetze betrachten könne und auch in aller Ruhe Fotografien schießen könne. Jedenfalls stieg dieser Herr Hansson im Frühsommer 1982 wieder mal in sein Flugzeug, das Wetter war wunderbar, die Maschine kletterte immer höher über seine Heimatstadt Korsør. Nicht weit von Korsør entfernt, bestaunte er aus der Luft die – *hhujjj* – kreisrunden Ringwälle des Trelleborg...«

»...des *was?*« riefen alle Jungen gleichzeitig.

»Des Trelleborg.« Alfons lächelte und setzte gleich noch zwei Pfiffe dahinter. »Laßt mich erklären, was das ist. Das dauert nicht lange, aber ich verspreche euch dafür eine wirkliche Sensation! Ich verstehe eure Ungeduld, Kinder... äähh, Freunde – *hhujjj* –, doch kann man über eine Sache nicht urteilen, wenn der Aufbau fehlt.«

Bedächtig schlürfte Onkel Alfons seinen Kaffee, legte ein weißes Blatt Papier auf den Tisch und kramte seinen Zirkel heraus.

»Also, was ist das, dieser Tell-er-mord?« wollte Andy ungeduldig wissen.

Alfons pfiff: »Nicht Tellermord, sondern T-r-e-l-l-e-b-o-r-g, mein Junge! Der Trelleborg ist eine Wikingerburg in Dänemark. Die Wikinger waren ein seefahrendes Volk, regelrechte Haudegen, die so um 800 bis 1000 nach Christus lebten...«

»Also gar nichts aus der Steinzeit?« warf Ralf dazwischen.

»Moment! Laßt Alfons doch der Reihe nach berichten«, ermahnte Vater Wehner.

»Unter einer Burg stellt man sich üblicherweise etwas wie eine Festung vor, eine Verteidigungsanlage mit dicken Mauern, Schießscharten und womöglich noch einem Wassergraben. Der Trelleborg ist ganz anders. Schaut her!«

Alfons schlug mit dem Zirkel einen Kreis auf dem Papier, dann, etwa einen Zentimeter größer, nochmals einen Kreis. Etwa drei Zentimeter davon entfernt einen dritten und im Abstand von wenigen Millimetern nochmals einen Kreis. Das Blatt zeigte vier immer größer werdende Kreise. Jetzt nahm er das Lineal und durchschnitt die beiden inneren Kreise durch zwei schnurgerade, kreuzweise übereinandergelegte Linien. Diese beiden Linien schnitten sich genau im Zentrum der Ringe.

»Dies ist der Aufbau des Trelleborg. Vier Kreise und in der Mitte ein Kreuz. Aber das ist noch nicht alles.«

Alfons zeichnete zwischen dem zweiten und dritten Kreis dreizehn gleichartige Figuren. Sie sahen aus wie abgerundete Ellipsen. Die Achsen dieser Figuren waren alle auf das Zentrum der Anlage gerichtet, und alle dreizehn Figuren lagen ausschließlich in *dem* Viertel des Kreises, das genau zwischen Osten und Süden lag.

»Dies ist der geometrische Aufbau des Trelleborg. Aus der Luft sieht er genauso aus. Die dänischen Archäologen nennen das ganze eine ›Wikingerburg‹, weil man im Trelleborg verschiedene (Pfiff) Werkzeuge, Schmuckstücke und auch Speerspitzen und Äxte der Wikinger fand. Es gibt gar keinen Zweifel, daß die Wikinger den Trelleborg benutzt haben. Aber wozu?

Ich sagte schon, die Wikinger seien ein seefahrendes Volk gewesen. Sie waren aus rohem Holz geschnitzt, unkomplizierte Draufgänger, die Lärm machten – *hhujjj* – wie ein Wald voller Affen. Doch gerade diese Wikinger haben sich in ihren Siedlungen niemals irgendeiner Präzision unterworfen. Der straffe Grundriß des Trelleborg, der berechnende Ingenieure voraussetzt, paßt überhaupt nicht ins Denken der Wikinger. Wenn sie Befestigungen anlegten, dann zum Schutze ihrer Häfen und Boote. Der Trelleborg liegt aber an keinem Hafen (zweimal Pfiff)! Früher, soviel ist bekannt, waren drei Seiten des Trelleborg von einem Sumpf umgeben. Heute liegt er drei Kilometer Luftlinie landeinwärts am Großen Belt auf derselben Hauptinsel, auf der auch Kopenhagen liegt. Aus all diesen Gründen vermuteten schon dänische Archäologen, der Trelleborg stamme gar nicht von den Wikingern, obwohl sie ihn benutzten. – *Hhujj!*«

»Du meinst also«, konstatierte Sven scharfsinnig, »der Trelleborg habe schon lange *vor* den Wikingern existiert und sei von ihnen nur vereinnahmt worden?«

»Genau!«

»Aber was hat das alles mit diesem Hobbypiloten – wie hieß er schon wieder? – zu tun und mit unserem geheimnisvollen Liniennetz auf Cornelias Karten?«

»Preben Hansson heißt der Mann, und der flog eben bei schönstem Wetter über den Trelleborg. Er blickte auf die dreizehn symmetrisch angeordneten Figuren zwischen dem zweiten und dritten Ring, deren Spitzen in *nordwestliche* Richtung blickten, und fand, irgendwie erinnere ihn das an eine (Pfiff) Parabolantenne. Das sind diese halbgekrümmten Antennenanlagen, die ihr sicher schon in Flughafennähe beobachtet habt.«

»Und dann?« Ralf fragte es fast lauernd. Er ahnte, die Katze würde gleich aus dem Sack gelassen.

Onkel Alfons schenkte sich lauwarmen Kaffee ein, ehe er fortfuhr.

»Preben Hansson stellte den automatischen Piloten auf Kurs 325 Grad Richtung Nordwesten zum Norden, das war exakt dieselbe Richtung, in welche die ›Parabolantenne‹ im Trelleborg zeigte. Nach 67 Kilometer Flug und 34 Minuten Flugzeit eine kleine Überraschung: Direkt unter ihm lag Eskeholm, das ist ein anderer merkwürdiger Ort in Dänemark. Eskeholm ist ein kleines Inselchen im Großen Belt, auf dem (Pfiff) aus der Luft noch die Überreste eines alten Ringwalls erkennbar sind. Der Ring von Eskeholm ist etwa gleich groß wie der große Ring des Trelleborg. Komisch, dachte Preben Hansson, daß die ›Parabolantenne‹ des Trelleborg genau auf diesen kleinen Punkt ausgerichtet war. Doch was soll's? Zwei Punkte auf einer Karte lassen sich allemal durch eine gerade Strecke verbinden.

Und doch schlich sich plötzlich ein Verdacht in den Hinterkopf von Preben Hansson. Er fragte sich, wohin er eigentlich gelange, wenn er denselben Kurs beibehalte. Nach einer weiteren Strecke von 99,5 Kilometern wußte er es: Das kleine Flugzeug zog haarscharf über die kreisrunde, archäologische Zone von Fyrkat in Jütland!«

Jetzt pfiff Onkel Alfons gleich viermal hintereinander. Dann breitete er eine Karte von Dänemark aus und zog über drei Punkte eine schnurgerade Linie. Bevor seine Zuhörer zu Worte kamen, vollführte er eine respektheischende Bewegung mit den Händen und bat sie um Ruhe.

»Ich bin noch nicht fertig. Die Geschichte wird unheimlich! Preben Hansson drehte einige Runden über Fyrkat, dann stellte er den automatischen Piloten wieder auf denselben Kurs ein wie vorher. 325 Grad NWzN. Nach weiteren 26 Flugminuten oder 52 Kilometern glaubte er, seinen Augen nicht trauen zu können. Zielgerade vor ihm, direkt im Visier, tauchte der Ringwall von Aggersborg auf.«

Onkel Alfons blickte stolz in die Runde. Keiner hatte bemerkt, daß er während des ganzen letzten Abschnittes nie gepfiffen hatte. Auf der Karte demonstrierte Alfons die kerzengerade Linie Trelleborg–Eskeholm–Fyrkat–Aggersborg. Insgesamt eine Strecke von 218,5 Kilometer Luftlinie.

»Ihr müßt wissen, daß Fyrkat ebenfalls eine sogenannte Wikingerburg ist, die in Wahrheit viel weiter in die Vergangenheit zurückreicht. Der Ringwall von Fyrkat liegt westlich des Städtchens Hobro, umgeben von sanft gewelltem Wiesenland. Die nächste Küste liegt 40 Kilometer entfernt – damit entfallen die Wikinger als Bauherren! Und Aggersborg, die letzte Wikingerburg in der Kette, könnte wie alle anderen eine Kopie des Trelleborg sein. Überall derselbe Grundriß, überall die geraden, gekreuzten Linien über dem Zentrum, überall die doppelten und vierfachen Ringe um die Gesamtanlage.«

Onkel Alfons schnaufte tief. Dann blickte er verdutzt in die Runde.

»Habe ich gar nicht gepfiffen?«

Alles brüllte vor Lachen: »Nein!«

Die Jungen holten sich etwas zu trinken. Während Vater Wehner frisches Wasser aufsetzte, meinte Ralf: »Gratuliere, Alfons. Eine saubere Arbeit. Die alten Ringanlagen, welche sich die Wikinger zunutze machten, stammen vermutlich aus der Steinzeit. Wer, um alles in der Welt, hat diese präzise Planung verlangt? Das paßt doch alles nicht ins herkömmliche Geschichtsbild?«

»Du sagst es, Junge, aber meine Schilderung ist nicht zu Ende. Es wird alles noch viel phänomenaler!«

»Da kann einem unheimlich werden«, bemerkte Sven. »Die Linie auf der Karte liegt klipp und klar fest. Wer will da noch Einwände vorbringen?«

»Eigentlich müßten wir eine Pause einlegen, an die frische Luft gehen«, sagte Vater Wehner. »Doch wenn Alfons will, soll er weiter erzählen. Ich bin selbst sehr gespannt, wo das alles noch hinführt.«

Jetzt pfiff Alfons wieder. Vielleicht stieß er seine Pfiffe vor lauter Unruhe aus.

»Dieser dänische Hobbypilot, der Preben Hansson, war natürlich genauso perplex wie wir. Wie war das alles möglich? Wieder am heimischen Schreibtisch, holte er eine Weltkarte und verlängerte mit einem Stift die Linie, welche durch die Wikingerburgen führte. Schaut her, ich habe die Strecke bereits für euch nachgezogen.«

Er faltete eine große Karte von Europa auseinander. Die Linie, über Dänemark hinaus verlängert, zielte an Berlin vorbei nach Jugoslawien und endete direkt im altgriechischen Orakelort Delphi. Auf dieser Strecke hatte Onkel Alfons immer wieder rote Kreise angebracht.

»Jetzt zeigt mal die Fotokopien von Cornelias Karten.«

Ralf holte sie. Obwohl die Strecke bis nach Griechenland nicht vorhanden war, erkannte man doch sofort, daß auch die Linie Dänemark–Griechenland ursprünglich enthalten gewesen sein mußte, denn Delphi war auf einer der Karten klar zu erkennen, und über Delphi kreuzten gleich mehrere Linien.

»Ich habe mich mit Delphi befaßt«, sagte Alfons. »Ihr werdet sprachlos sein, wenn ich euch die Antwort liefere.«

»Ich bin nie sprachlos.« Andy grinste. »Also, was hat dieses Delphi in Griechenland mit den Wikingerburgen in Dänemark zu tun?«

»Sei nicht so vorlaut«, zischte Sven seinem jüngeren Bruder zu.

»Delphi«, fuhr Alfons fort, »ist so alt, daß die Archäologen nicht mal wissen, wann es gegründet wurde. Der Ursprung dieses Ortes geht in mystische Epochen zurück. Schon in vorgeschichtlicher Zeit galt Delphi als ›der Nabel der Welt‹. Hier herrschte und residierte der Gott Apollo, und von hier aus unternahm Apollo jährlich mindestens eine Luftreise zu einem geheimnisvollen Volk, zu den ›Hyperboreern‹, die – so weiß es die Überlieferung – jenseits des Nordwindes lebten. Hier noch einige zusätzliche Informationen zu diesem Apollo. Er war ein Sohn des Göttervaters Zeus, er galt als Lichtgott und als Gott der Weissagungen. Zudem heilte er die Menschen und beschützte – aus der Luft! – ihre Straßen. Selbst die alten Griechen wußten nicht, woher dieser Apollo eigentlich kam, aber als Sohn des Zeus war er ohnehin nicht von irdischer Abstammung. Delphi war sein Hauptwohnsitz, dort hatte er sozusagen sein Basislager. Deshalb nannten die Griechen Delphi auch ›den Nabel der Welt‹. Als sichtbares Zeichen für ›den Nabel der Welt‹ stand dort der ›Omphalos‹, das ist ein wunderbarer, mit Skulpturen versehener Marmorblock, gekrönt von zwei goldenen Adlern. Die alten Griechen erblickten in diesen Adlern zwei Abgesandte von Göttervater Zeus.«

»Das ist wirklich eine ganze Menge und gibt viel zu denken«, sagte Vater Wehner leise. »Die Konsequenzen daraus sind umwerfend...«

»Was sind Konsequenzen?« Es war wie immer Andy, der das Fremdwort nicht kannte.

»Konsequenzen sind Schlußfolgerungen, die man aus etwas zieht. In diesem Falle gibt es eine ganze Kette von Schlußfolgerungen, die unser archäologisches Weltbild ins Wanken bringen können.«

Onkel Alfons lächelte vielwissend vor sich hin.

»Würde es euch stören, wenn ich die Geschichte noch zu Ende bringe? Ihr werdet gleich noch mehr erstaunliche Schlußfolgerungen ziehen müssen! Von diesem Apollo wird nämlich gesagt, er habe viele griechische Orte gegründet. Sämtliche dieser Kultorte liegen zueinander im Verhältnis des Goldenen Schnittes. Ich habe Sven kürzlich am Telefon klargemacht, was der Goldene Schnitt ist. Nun schaut bitte mal auf diese Tabelle.«

Während Onkel Alfons mehrere Male hintereinander pfiff, breitete er ein mit Schreibmaschine getipptes Blatt aus. Darauf stand:

Die Entfernung der Kultorte Delphi–Epidauros entspricht dem größten Teil des Goldenen Schnittes der Entfernung Epidauros–Delos – nämlich 62%.

Die Entfernung Olympia–Chalkis entspricht dem größeren Teil des Goldenen Schnittes der Entfernung Olympia–Delos – nämlich 62%.

Die Entfernung Delphi–Theben entspricht dem größeren Teil des Goldenen Schnittes der Entfernung Delphi–Athen – nämlich 62%.

Die Entfernung Sparta–Olympia entspricht dem größeren Teil des Goldenen Schnittes der Entfernung Sparta–Athen – nämlich 62%.

Die Entfernung Epidauros–Sparta entspricht dem größeren Teil des Goldenen Schnittes der Entfernung Epidauros–Olympia – nämlich 62%.

Die Entfernung Delos–Eleusis entspricht dem größeren Teil des Goldenen Schnittes der Entfernung Delos–Delphi – nämlich 62%.

Die Entfernung Knossos–Delos entspricht dem größeren Teil des Goldenen Schnittes der Entfernung Knossos–Chalkis – nämlich 62%.

Die Entfernung Delphi–Dodoni entspricht dem größeren Teil des Goldenen Schnittes der Entfernung Delphi–Athen – nämlich 62%.

Die Entfernung Delphi–Olympia entspricht dem größeren Teil des Goldenen Schnittes der Entfernung Olympia–Chalkis – nämlich 62%.

»Das darf doch alles nicht wahr sein?« sagte Sven, und Ralf ergänzte trocken: »Ich glaube, ich spinne! Wie ist denn so etwas möglich? Da muß ja irgendwer ganz Griechenland verplant haben.«

»Du sagst es – *hhujjj* –, aber *wer* und insbesondere *wann*? Ich habe aber noch etwas, sozusagen das Tüpfchen auf dem i. Bedingt durch diese Distanzen im Goldenen Schnitt ergeben sich automatisch Kreislinien mit denselben Kreismittelpunkten.« Onkel Alfons setzte die Nadel des Zirkels auf das griechische Städtchen Knossos und die zweite Nadel auf die Stadt Sparta.

»Schaut her! Auf demselben Kreisbogen wie Sparta liegt auch der Kultort Epidauros. In Epidauros wirkte übrigens ein Sohn von Apollo, Asklepios. Das war ein berühmter Arzt, der den Menschen die Heilkunde beibrachte. Heute noch hängen in den Ruinen von Epidauros viele über 2000 Jahre alte Votivtafeln. Das sind kleine Stein- und Holztäfelchen, auf denen die Menschen – *hhujjj* – sich bei Asklepios für ihre wunderbare Heilung bedankten. Das Spielchen mit den Kreisbogen kann man unendlich weiterführen. Hier – wenn ich als Kreismittelpunkt Taros nehme – liegen auf derselben Kreislinie auch Knossos und Chalkis. Oder ich wähle als Kreismittelpunkt Delos: Dann liegen auf derselben Kreislinie auch Theben und Izmir.«

Onkel Alfons demonstrierte es seinen verdutzten Zuhörern mit dem Zirkel. Ein ganzes Netz von Kreisen, die sich immer wieder überschnitten, zeigte sich auf der Karte. Es war unfaßbar! Alfons lächelte still vor sich hin, er genoß den Triumph. Er vergaß sogar, zwischen den Zähnen hervorzupfeifen.

Vater Wehner schwieg. Sven, der immer schnell mit einer Antwort bereit war, kontrollierte auf der Karte die vielen Orte, die alle im Goldenen Schnitt zueinander lagen. Endlich fand der Jüngste, Andy, die Sprache wieder.

»Ihr sagt immer, es gebe für alles eine natürliche Erklärung. Ich habe ein Recht auf Wissensdurst. Wo ist die natürliche Erklärung?«

»Du bist nicht der einzige, der das wissen will. Zudem benimmst du dich geradezu, als seiest du der Super-Geistesblitz in unserer Runde«, meinte Ralf. »Es wird uns schon etwas einfallen, wir müssen nur von den Tatsachen ausgehen.« Und er begann, aufzuzählen:

»Erste Tatsache: die vier Wikingerburgen in Dänemark, die alle in schnurgerader Linie ausgerichtet sind, und bereits *vor* den Wikingern existierten.

Zweite Tatsache: Die Linie von Dänemark führt direkt zum ›Nabel der Welt‹, an den griechischen Orakelort Delphi. Der wiederum geht auf vorgeschichtliche Epochen zurück.

Dritte Tatsache: In Delphi residierte ein Gott, der nichtirdischer Herkunft war. Dieser Gott Apollo reiste alljährlich mit Lichterglanz durch die Luft zu dem Volk der ›Hyperboreer‹, die jenseits der Nordwinde lebten.

Vierte Tatsache: Apollo gründete viele Orte in Griechenland, die später zu heiligen Kultorten wurden. Alle diese Orte liegen zueinander in den Distanzen des Goldenen Schnittes. Und natürlich liegen immer mindestens zwei davon auf einem Kreisbogen zu einem gemeinsamen Zentrum. Das heißt, sie sind gleichweit voneinander entfernt. Das sind die Tatsachen. Was machen wir damit?«

Vater Wehner meldete sich, er hatte lange geschwiegen.

»Vielleicht gab es im alten Griechenland so etwas wie ein heiliges Maß, eine heilige Strecke. Immer, wenn die Griechen einen neuen Tempelplatz gründen wollten, erschienen die Priester und verlangten, daß der nächste Ort nur innerhalb der ›heiligen Strecke‹ erbaut werden durfte. Und so kam schließlich – klein-klein – dieses verblüffende Muster heraus, welches die Orte im Goldenen Schnitt verbindet.«

»Nicht schlecht«, meinte Sven in einem Tonfall, als habe er Noten zu verteilen. »Bevor die griechischen Priester aber ihre ›heilige

Strecke‹ vermaßen, mußte es einen Grund dafür geben. *Wer* befahl die ›heilige Strecke‹? *Weshalb* sollten die Orte ausschließlich in diesen und keinen anderen Abständen liegen dürfen? Gerade Priester sind schließlich bekannt dafür, daß sie immer nur tun, was irgendein Gott von ihnen verlangt. Und schließlich: Griechenland ist hügelig und gebirgig und zudem von unzähligen Meeresbuchten durchsetzt. Mit welchen Mitteln sollen die Priester ihr ganzes Land vermessen haben?«

»Ich erinnere mich an meine Gymnasialzeit«, zog Vater Wehner die Aufmerksamkeit auf sich, »da lasen wir auch Texte des griechischen Philosophen Platon, der um 400 vor Christus lebte. In irgendeinem geistreichen Dialog sprach Platon auch von... halt! Ich habe doch dieses Büchlein in meinem Bücherschrank!«

Er hatte es rasch gefunden. Es war Platons Dialog mit dem Titel »Timaios«. In den Kapiteln 7 und 8 sprach Platon tatsächlich von geometrischen Zusammenhängen, welche riesige Distanzen überschritten. Während Vater Wehner im »Timaios« blätterte, fuhr er fort:

»Nun muß man auch wissen, daß Platon ein Zeitgenosse von Euklid war, und dieser Euklid wiederum ein Genie in Mathematik und Geometrie. In seinen fünfzehn Werken behandelte Euklid das gesamte Spektrum der Mathematik und der Geometrie. Man weiß, daß Platon sogar Vorlesungen von Euklid besucht hat. Also kannten sich die beiden. Jetzt war aber dieser Platon nicht nur Philosoph, sondern auch noch Politiker. Es wäre eigentlich gar nicht unlogisch, wenn Platon bei der Vergabe von Bauaufträgen ein Wörtchen mitredete und auf diese Weise dafür sorgte, daß neue Kultorte nur im Verhältnis des Goldenen Schnittes entstanden... Nein, da kann etwas nicht stimmen. Hier lese ich, daß Platon ausdrücklich darauf hinweist, es handle sich hierbei um eine *mehrtausendjährige Überlieferung...*«

»Ich wollte deine Gedanken nicht unterbrechen«, entschuldigte sich Onkel Alfons. »Aber Platon und Euklid helfen uns in diesem Falle nicht weiter, denn alle in Frage kommenden Kultorte, welche im Goldenen Schnitt zueinander – *hhujjj* – liegen, existierten schon lange *vor* Platon und Euklid! Epidauros – beispielsweise – gab es Jahrhunderte vor Platon, dasselbe gilt für Delos, Dodoni oder erst recht den ›Nabel der Welt‹, Delphi. Auch wenn viele der heiligen

Orte erst im klassischen Griechenland zu regelrechten Wallfahrtsorten heranwuchsen, reicht ihre Gründung doch in vorgeschichtliche Zeiten zurück. – *Hhujj!*«

Endlich schien sich der Schnelldenker Sven wieder gefaßt zu haben. »Ob Platon oder nicht Platon, bleibt unerheblich. Schließlich konnte weder er noch sein Kollege Euklid etwas von einer geraden Verbindungsstrecke ins heutige Dänemark wissen! Das ist doch die eigentliche Rätselnuß, die in keine Schublade paßt!«

»Richtig!« bemerkte Alfons. »Die gerade Strecke der Wikingerburgen nach Delphi ist die eine Ungereimtheit, die Ausrichtung der griechischen Orte im Goldenen Schnitt die andere. Ich habe wirklich lange darüber nachgedacht, wie etwas Derartiges möglich ist, ich habe gegrübelt und nach einer Lösung gesucht und keine gefunden.«

»Los, Freunde, das Feld für Spekulationen ist frei!« ermunterte Vater Wehner seine Jungen. »Laßt euch etwas einfallen, auch wenn es weit hergeholt scheint. Die Fakten sind auf dem Tisch, es muß für alles eine logische Antwort geben.«

»Die Außerirdischen...?« Andy sprach das Wort zaghaft aus.

»Ach, du mit deinen Außerirdischen!« unterbrach Ralf heftig. »Müssen denn für alles immer die Außerirdischen herhalten? Dir fällt wohl nichts Besseres ein?«

»Beruhige dich, Ralf«, sagte Vater Wehner sanft. »Wenn wir das Gesamtproblem betrachten, gibt es nur zwei generelle Lösungen. Entweder waren unsere Vorfahren vor Jahrtausenden keine Steinzeitmenschen, sie waren technologisch nicht unterentwickelt, waren weder primitiv noch sonstwie rückständig, sondern weit fortgeschritten in Mathematik und Geometrie. In diesem Falle liegen die Archäologen falsch mit ihrer Ansicht vom dumpfen Steinzeitmenschen. Oder aber unsere Vorfahren erhielten von irgendwoher Unterstützung, sozusagen Nachhilfestunden, und dafür kämen Außerirdische tatsächlich in Frage. Denke an den Stern über Karlsruhe und an die seltsamen Zeichen in Englands Feldern. Zudem, wenn unsere Vorfahren die gerade Strecke über die Wikingerburgen bis Delphi legten und meinetwegen auch noch für den Stern über Karlsruhe verantwortlich sind, wenn sie dies alles ohne fremde Hilfe taten, bleibt immer noch die Frage nach dem Warum. Selbst wenn sie es vermessungstechnisch fertigbrachten, *weshalb* taten sie es? Was war ihr Motiv, ihre Triebfeder? Weshalb schufen sie die Tatsachen, vor denen wir heute ratlos stehen?«

»Aber Papi, dieselbe Frage gilt, wenn Außerirdische mithalfen«, sagte Ralf. »Weshalb sollten Außerirdische etwas Derartiges tun?«

»Recht hast du, mein Sohn! Vielleicht wollten Außerirdische mit dem Stern über Karlsruhe und mit den geraden Linien über unserem Globus exakt das erreichen, was sie letztlich erreicht haben: Die Menschen späterer Jahrtausende – wir! – sollten stutzig, sollten aufmerksam werden. Vielleicht steckt hinter dem Ganzen eine Botschaft, und die Adressaten sind wir. Wir haben gerade erst begonnen, uns mit diesen Ungereimtheiten auseinanderzusetzen. Wir haben den Vortrag von Sven und Andy noch nicht gehört, und auch die Briefe von Evelyne sind noch nicht vorgelesen worden. Der Himmel mag wissen, welche Zusammenhänge noch auftauchen!«

Die Runde diskutierte bis spät in die Nacht, unterbrochen nur durch das Herumreichen einiger Wurstbrote, die Andy zubereitete. Schließlich wurde eine Idee geboren, der im Grunde alle Teilnehmer beipflichten konnten. Es war eine Theorie, in sich logisch und geschlossen und doch nicht beweisbar. Hier ist sie:

Nehmen wir einmal an, vor vielen Jahrtausenden, als unsere Vorfahren tatsächlich noch unterentwickelt waren, sei ein gigantisches Raumschiff in unser Sonnensystem geflogen. Vielleicht so ein Generationenraumschiff, das jahrhundertelang unterwegs war. Nach einer endlos langen Reise durch die Schwärze des Weltalls benötigen die »ETs« selbstverständlich dringend Energie. Sie brauchen irgend etwas, um ihre Triebwerke wieder in Schuß zu bringen. Vielleicht Uran oder Nickel oder Kupfer oder egal was. Eben irgendeinen Rohstoff. Möglicherweise brauchen sie gar Wasser und Nahrung für ihre Tiefkühlräume. Das alles finden sie in unserem Sonnensystem. Rohstoffe vielleicht auf dem Mars, dem Mond oder dem Asteroidengürtel, das sind die paar hunderttausend Gesteinsbrocken, die zwischen Mars und Jupiter herumfliegen. Das gigantische Mutterraumschiff wird nie zur Landung auf der Erde ansetzen, vermutlich kann es das gar nicht, eben weil es viel zu groß ist. Dieses Raumschiff würde ständig wie ein großer Satellit um die Erde kreisen. Aber kleine Zubringerraumschiffe, so etwas wie der amerikanische »Space Shuttle«, werden ausgeschleust und erreichen die Erde. Die fremden Astronauten nehmen Bodenproben, Nahrungsproben und machen Messungen aller Art. Dazu errichten sie eine oder mehrere irdische Basen. So entstehen an verschiedenen Stellen unseres Globus kleinere Basislager.

Jetzt geben wir dem Kommandanten des Mutterraumschiffes den stolzen Namen Zeus. Zeus ist der Oberste, der Größte, der Höchste. Einer seiner Chefoffiziere trägt den Namen Apollo. Dieser Apollo richtet sein kleines Basislager an einem ideal gelegenen Punkt im heutigen Griechenland ein. Für seine Erkundungsflüge innerhalb der irdischen Erdatmosphäre verwendet er kein Raumschiff, das wäre viel zu umständlich und zu aufwendig. Dazu nimmt er irgendein kleineres Vehikel, vielleicht einen zeppelinähnlichen Heißluftballon, steuerbar und mit Propellern versehen. Apollo weiß selbstverständlich, daß seine Kollegen im Mutterraumschiff dringend Rohstoffe benötigen und auch irgendwo in unserem Sonnensystem abbauen. Als Entschädigung für diesen »Klau« von Rohstoffen gibt Apollo den Menschen Entwicklungshilfe. Er erteilt ihnen Rat, zeigt ihnen, wie man Krankheiten heilt, Bergbau betreibt, Verkehrswege erstellt und Schulen einrichtet.

Die Meldung über das Herabsteigen des fremden Wesens mit dem Namen Apollo spricht sich rasch unter den Menschen herum. Immer mehr strömen zum kleinen Basislager, der Punkt wird zum »Nabel der Welt«, denn dort wird einem Hilfe und Rat zuteil. In den Augen der Menschen wächst Apollo zu einem Gott, obwohl er in Wirklichkeit ein ganz normales Wesen aus Fleisch und Blut ist wie wir. Die Menschen verstehen nicht, woher er kommt, sie beobachten nur ängstlich, wie er sich mit einem »Lichterschiff« in die Wolken erhebt und immer wieder davonfliegt. Apollo schult einige der intelligentesten Menschen, er macht sie zu seinen Dienern. Sie sollen dafür sorgen, daß sein Basislager stets sauber bleibt, daß niemand etwas wegträgt und daß die Landestelle für seinen propellerbetriebenen Heißluftballon immer frei gehalten wird. Diese auserwählten Menschen sind die »Diener des Herrn«, die man später mit dem Wort »Priester« bezeichnen wird.

Apollo ist Lehrer und Arzt, Ratgeber und Entwicklungshelfer zugleich. Er gründet überall neue Schulen, unterweist seine menschlichen Diener. Für seine Reisen benutzt er den kleinen Zeppelin, doch für die Motoren, welche die Propeller antreiben, braucht er logischerweise irgendeinen Treibstoff. Am praktischsten wäre wohl ein mit Sonnenenergie betriebener Motor, der elektrisch arbeitet, vielleicht aber auch eine ganz simple Dampfmaschine. Wir wissen nicht, mit welchem Fluggerät und mit welcher Energie er sich bewegte, doch wäre es sicher vernünftig, überall und in den gleichen Abständen so etwas wie »Tankstellen« einzurichten. Nehmen wir an, er habe eine Dampfmaschine zum Betrieb seiner Propeller eingesetzt, so müßte er überall Wasser zur Dampferzeugung finden, aber auch brennbares Material, um den Dampfkessel zu heizen. Dies wird kaum Holz gewesen sein, denn in einem kleinen Heißluftballon kann man keine Tonnen von Holz mitführen. Vielleicht brauchte er ein leicht brennbares Pflanzenöl, das es überall gab. Diese »Tankstellen« wurden von seinen Dienern unterhalten, im Flachland legte man Ringwälle um die Landeplätze, damit sie nicht von wilden Horden überrannt wurden. Dies wäre eine Erklärung dafür, weshalb immer mindestens drei Punkte gleichweit voneinander entfernt waren.

Es wäre vernünftig, wenn Apollo für seine Langstreckenflüge eine gerade Strecke gewählt hätte, denn die kürzeste Distanz zwischen zwei Punkten ist nun mal die gerade Linie. So entstand eine Flugroute hinauf in den hohen Norden. Seine Diener fragten Apollo, wohin er denn immer wieder für längere Zeit entschwinde, und er antwortete korrekt: »Zu einem fernen Volk jenseits der Nordwinde.« Auch im heutigen Dänemark wirkte Apollo, nur gaben ihm die nordischen Völker einen anderen Namen. Sie nannten ihn Wotan oder Thor, das war derjenige, der stets mit Licht und Lärm auftauchte. Auch hier errichtete er Schulen und unterwies seine Diener, ihm stets seinen Landeplatz sauber zu halten und »Treibstoff«, was immer das war, bereitzustellen. So entstanden die in einer geraden Kette ausgerichteten Ringwälle, in welche sich Jahrtausende später die Wikinger einnisteten.

Irgendwann waren die Lagerräume des Mutterraumschiffes prallvoll mit Rohmaterialien. Das Kommando zum Weiterflug erreichte die Bodenmannschaft. Apollo verabschiedete sich von seinen Dienern, er erklärte ihnen, daß er sehr weit wegfliege, wo sein Zuhause sei. Die Priester fragten: »Wohin gehst du, o Herr?« Und: »Wirst du wiederkehren?« Apollo mag zu den Sternen gedeutet und gesagt haben, dorthin fliege er. Und angesichts der gewaltigen Distanzen im Universum, wird er ihnen auch gesagt haben, es würde sehr, sehr lange dauern, Jahrtausende, bis er wieder auf diesen Planeten zurückkehre.

Die Menschen begriffen nicht, wie jemand in den Sternen, am Himmelszelt wohnen könne. Sie glaubten, der »Himmel« müsse ein Ort der Glückseligkeit sein, denn schließlich war ihr Lehrmeister Apollo »in den Himmel« geflogen. So überlieferten sie es an die nachfolgenden Generationen und vergaßen auch nicht zu erwähnen, die Götter »aus dem Himmel« würden in einer späteren Epoche wieder zu den Menschen zurückkehren.

Die Orte, an welchen Apollo Schulen gegründet hatte, wuchsen zu heiligen Kultplätzen, die »Tankstellen« ebenso. Die Menschen späterer Generationen kannten nur noch vage Überlieferungen von »himmlischen Lehrmeistern«, welche einst die junge Menschheit unterwiesen hatten.

Dies war der Lösungsvorschlag, den die drei Jungen und die beiden Männer ausgebrütet hatten. Die Theorie erklärte einiges, wenn auch nicht alles. Zum Beispiel gab es keine Erklärung für den Stern über Karlsruhe. Auch taten sich die Männer schwer, an den Einfluß von Außerirdischen zu glauben. Andererseits blieben die unübersehbaren Fakten in der Landschaft. Lieber eine mögliche Erklärung als gar keine! An jenem zweiten Weihnachtstag kamen Ralf, Sven und Andy nicht einmal dazu, ihre Vorträge zu halten. Dabei hatten alle drei gute Pfeile im Köcher, alle drei hatten Material zusammengetragen, das auf Cornelias alten Karten beruhte. Onkel Alfons entschloß sich daher, zwei weitere Nächte zu bleiben. Er wollte dabeisein, wenn rätselhafte Tatsachen auf den Tisch kamen und faszinierende Ideen geboren wurden. Zudem war Archäologie ohnehin sein heimliches Hobby. Steckte irgendein System, vielleicht gar eine Botschaft unter dem Liniennetz und den Sternen über der Landschaft? Was war mit den Zeichen in England? Und mit den Steinkreisen? Was hatte Evelyne in Frankreich herausgefunden?

Bevor sie alle zu Bett gingen, hielt Vater Wehner noch eine Überraschung bereit.

»Ich habe mit Hausi, Cornelias Vater, telefoniert. Er meinte, er müsse im kommenden Frühsommer nach Frankreich, um Weine einzukaufen. Hausi machte den Vorschlag, wir sollten uns anschließen und bei dieser Gelegenheit das Gebiet der französischen Bretagne besuchen. Dort wimmelt es von Tausenden und Abertausenden von riesigen Steinen, die alle in geordneten Reihen stehen. Ich habe längst bemerkt, daß eine der Linien auf Cornelias Karten zielgenau über die französische Bretagne läuft.«

Ralfs Augen strahlten. »Papi, du bist der Größte!«

Als die Jungen im Bett waren, trank Vater Wehner mit seinem Bruder Alfons noch eine Flasche Rotwein.

»Hast du die Geschichte mit der Verbindungslinie über die Wikingerburgen bis hinunter nach Griechenland wirklich erst kürzlich ausgegraben?«

»Bestimmt! Das Buch von diesem dänischen Hobbypiloten ist erst 1990 erschienen. Doch den Anstoß gaben deine Jungen mit ihrem Liniennetz. Du weißt, ich habe eine ganze Menge Literatur über Archäologie. Nirgendwo sah ich etwas derart Verrücktes wie das Liniennetz auf diesen alten Karten. Ralfs Freundin – wie heißt sie doch, diese...«

»...Cornelia...«

»...Cornelia in der Schweiz hat einen echten Glücksfund (Pfiff) gemacht. Mir ist nur schleierhaft, wie der Unbekannte, der vor über sechzig Jahren die Linien auf die Karten übertrug, das alles wissen konnte. Woher hatte er seine Informationen?«

»Vielleicht gibt es irgendeine alte Geheimliteratur, in der über das Liniennetz berichtet wird, und der Unbekannte übertrug vor zirka sechzig Jahren die Linien auf die damaligen Karten. Schließlich schrieb bereits um 400 vor Christus der alte Platon schon in seinem ›Timaios‹-Dialog über jahrtausendealte, geometrische Verbindungen.«

»Nicht auszuschließen«, sinnierte Alfons. »Vor sechzig Jahren kam dann jemand dahinter und kontrollierte vielleicht einige Punkte. Nicht nur auf der Landkarte, sondern auch im Gelände. Doch weshalb landeten die Karten in Spiez? Der Ort liegt überhaupt nicht unter einer Linie.«

»Ich habe dir doch von der Gegend erzählt. Sie ist, zumindest bei klarem Wetter, wirklich unvergleichlich schön. Die Farben um den Thuner See können sich von Stunde zu Stunde ändern, die Berglandschaft ist traumhaft, und die Schweizer, die dort leben, eher einfach, manchmal etwas ungeschliffen, sind im allgemeinen sehr angenehm. Ich könnte mir vorstellen, daß ein alter Gelehrter dort seinen Lebensabend verbrachte. Vielleicht gehörten die Karten zu seiner Hinterlassenschaft, mit der niemand etwas anfangen konnte, oder der alte Herr wurde bestohlen, und der Dieb schmiß die Karten weg. Was immer gewesen sein mag, wir besitzen Kopien der Karten. Was wollen wir mehr?«

Alfons nippte an seinem Wein. »Ein schwerer Tropfen, gut zum Einschlafen. Ich kam vorhin gar nicht dazu, euch noch von einer zweiten Linie zu berichten, die ich nur oberflächlich überprüfte und die genauso an Zauberei grenzt wie die Strecke von Dänemark nach Griechenland. Die Linie läuft über die Pyrenäen, immer präzise (Pfiff) auf derselben geographischen Breite von 42 Grad und 46 Minuten und verbindet lauter Orte mit demselben Wortstamm. Zum Beispiel *Les Eteilles* in Katalonien bei Luzenac, *Estillon* auf der südlichen Pyrenäenseite, *Lizarra* beim Somport-Paß, *Lizzaraga* bei Pamplona, *Liciella* in den Bergen von Leon und *Aster* in Galizien. Du kannst doch noch ein bißchen Lateinisch aus deiner Gymnasialzeit. In jedem Wort, das ich hier aufzählte, verbirgt sich der Begriff ›Stern‹, und alle Orte liegen auf einer Linie. Das ist doch Wahnsinn! (Pfiff, Pfiff) Wer, um alles in der Welt, plant denn so etwas?«

Vater Wehner stand auf. »Ich erinnere mich an ein Buch, in welchem, so glaube ich zumindest, genau diese Linie erwähnt wird. Warte mal.«

Er ging zum Regal, leuchtete mit der kleinen Tischlampe auf die Bücherrücken. »Ich hab's, hier! Das Buch stammt von einem Louis Charpentier – ich nehme an, das ist ein Pseudonym – und trägt den Titel: ›Santiago de Compostela‹.« [13] Vater Wehner blätterte darin.

»Eigenartig, die Strecke mit den Orten, die du eben aufgezählt hast und die auf einer Linie liegen, trägt den Namen »Sternenstraße« und führt direkt in den berühmten spanischen Wallfahrtsort Santiago de Compostela. Dort soll der heilige Jakobus begraben liegen. Die Route ist eine uralte Pilgerstraße und wird heute genauso benutzt wie vor Jahrtausenden. Im vorletzten Sommer, es muß im August 1989 gewesen sein, rief Papst Johannes Paul II. die Jugend zum vierten Weltjugendtag nach Santiago de Compostela auf. Die Organisatoren schickten über hunderttausend Jungen und Mädchen zu Fuß auf eine Zweihundert-Kilometer-Strecke, den sogenannten ›St.-Jakobs-Weg‹. Während des Marsches sollten sie über den ›Sinn des Lebens‹ nachdenken. Ob die Organisatoren und der Heilige Vater wohl ahnten, daß die Jugendlichen in Wirklichkeit auf einem alten, heidnischen Pilgerweg wanderten? Irgendwie wird mir das langsam unheimlich«, sagte Vater Wehner. »Wohin soll das noch führen, und ist es richtig, wenn ich meine Jungen an dieser Entdeckung teilhaben lasse? Der Himmel mag wissen, wie verwirrend die Geschichte noch wird. Werden meine Buben das verkraften?«

»Hallo... hallo!« Alfons lachte. »Deine ›Buben‹, wie du sie nennst, sind keine kleinen Kinder mehr. Andy ist immerhin zwölf, Sven vierzehn und Ralf bald achtzehn. Zudem sind sie alle am Thema interessiert und haben bereits fleißig mitgearbeitet. Außerdem – *hhujjj* – kennen alle die Karten von Cornelia und wissen über das Liniennetz und die Sterne über bestimmten Gebieten Bescheid. Du kannst sie nicht mehr ausklammern. Sie haben großes Vertrauen zu dir, und obwohl du ihr Vater bist, behandelt ihr euch gegenseitig wie Freunde. Also mach dir mal keine Gedanken! Deine Jungen sind gut geraten...«

»Das will ich wohl meinen!« erklang Ralfs Stimme, der irgendwo aus dem Dunkel aufgetaucht war.

»Man lauscht nicht!« brummte Vater Wehner.

»Hab' ich gar nicht. Ich mußte mal raus und hörte die letzten Sätze. Ich kann ja meine Ohren nicht verstopfen. Und jetzt, wo ich schon da bin, gebt mir einen Schluck Wein.« Und an seinen Vater gerichtet, sagte der älteste der drei Söhne mit ernster Stimme:

»Onkel Alfons hat schon recht. Wir können da nicht mehr heraus –

wir wollen es auch gar nicht. Sven hat über die eigenartigen Steinkreise in England über hundert Seiten vollgekritzelt. Auch Andy hat Material über Deutschland zusammengesucht, und ich selbst habe nicht nur die Briefe von Evelyne übersetzt, sondern auch lange mit Catherine in England gesprochen. Daddy! Diese Sache läuft, und wir alle sind mittendrin! Es gibt auch keinen Grund, vor irgend etwas Schiß zu haben.«

»Gut, wir machen weiter und werden uns einige der Orte persönlich ansehen! Es wäre doch gelacht, wenn der alte Wehner mit seinen drei aufgeweckten Jungen und einem pfiffigen Onkel, der obendrein einen Archäologie-Tick hat, nicht hinter dieses Geheimnis der Linien käme. Aber jetzt endgültig ab ins Bett!«

Wenn Steine reden könnten

Vom Wetter her war der zweite Weihnachtstag nicht besser als der erste. Die Wehners blieben daheim, es wäre witzlos gewesen, irgendwo herumzufahren und mit den Autoabgasen die Landschaft zu verpesten. Zwar wollte Andy, der Jüngste, unbedingt zu den Externsteinen, doch die beiden älteren Brüder protestierten. Dorthin könne man noch lange, argumentierten sie, die Externsteine stünden seit Menschengedenken am selben Ort und würden über Nacht nicht weggetragen werden. Zudem, und dieser Einwand brachte selbst Andy zum Schweigen, sei heute Feiertag, und dementsprechend wimmele es von Leuten dort draußen... Also hiergeblieben.

Onkel Alfons kochte das Mittagessen, wobei das Wörtchen »kochen« eigentlich falsch ist, denn Alfons überraschte die Runde mit einem völlig neuen Gericht. Er nannte es »Fondue Bacchus«, und dazu mußte in der Küche gar nichts gekocht werden. »Fondue Bacchus« ist ein regelrechtes Festessen, würzig, leicht bekömmlich, und es macht auch noch Spaß beim Essen. Hier das Rezept:

Jeder mischt sich die eine oder andere kalte Sauce, so, wie er sie gerade gern hat. Allerdings sollte auch etwas geraffelter Meerrettich, der mit Sahne durchzogen wird, auf den Tisch. Dann nimmt man dünn geschnittene Kalbstückchen, die zusätzlich in kleine, mundgerechte Häppchen zerteilt werden. Diese Häppchen werden einzeln auf Holzstäbchen gesteckt. In die Mitte des Eßtisches stellt man ein Rechaud, das ist ein kleiner Spiritus- oder Gaskocher, wie man ihn in jedem Haushaltswarengeschäft kaufen kann. Auf dieses Rechaud kommt ein leichter Topf, der mit einem trockenen Weißwein gefüllt wird. Sobald der Weißwein heiß ist, steckt jeder Teilnehmer mindestens zwei seiner Holzspießchen hinein. Achtung! Der Wein soll nicht kochen, sonst beginnt er zu schäumen! Bereits nach wenigen Minuten ist das dünne Kalbfleisch gar. Jedesmal, wenn ein Stäbchen herausgenommen wird, muß es durch ein neues ersetzt werden. Das Kalbfleisch wird mit der Gabel vom Holzspießchen auf den Teller gekratzt und mit der oder den Lieblingssaucen gewürzt. Dazu werden Kartoffelchips geknabbert.

Obwohl das Fleisch kurz vom Weißwein durchzogen wird, ist es nicht etwa vom Alkohol durchtränkt. Der Alkohol verdampft von selbst durch die Erhitzung des Weißweins. An »Fondue Bacchus« – nach dem römischen Gott des Trankes, der Bacchus hieß, genannt – kann man in Ruhe eine Stunde lang tafeln. Wer am meisten leere Spießchen neben seinem Teller hat, muß das Geschirr abräumen!

Schon während des Essens begann Sven:

»Wißt ihr, daß es in England, Irland und Schottland über neunhundert Steinkreise gibt?«

»Du meinst wohl neunzig«, meinte Vater Wehner zwischen zwei Spießchen.

»Über n-e-u-n-h-u-n-d-e-r-t«!« beharrte Sven. »Es gibt riesige Steinkreise, wuchtige, es gibt kleinere und winzige, und die wenigsten sind gründlich genug untersucht worden, um überhaupt zu wissen, weshalb sie angelegt worden sind. Am bekanntesten sind folgende Steinkreise, die ich für euch herausgeschrieben habe.«

Sven legte ein Blatt Papier auf den Tisch und steckte drei Spießchen in den heißen Weißwein. Auf dem Blatt hatte er aufgeführt:

- Die Steinkreise von Brodgar und Stennes liegen auf der Orkney-Hauptinsel (Schottland), rund 16 Kilometer westlich des Städtchens Kirkwall
- Der Steinkreis von Temple Wood liegt 1,6 Kilometer südlich von Kilmartin (Schottland) an einer kleinen Nebenstraße, die von der A 816 abbiegt

- Der Steinkreis von Lios liegt 19 Kilometer südlich von Limerick, fünf Kilometer nördlich des Örtchens Bruff in Irland
- Die großen Steinkreise von Avebury liegen 10 Kilometer westlich von Marlborough, mitten im Dorf Avebury, England
- Der Steinkreis von Rollright liegt nördlich von Oxford, etwa drei Kilometer nordwestlich des Dorfes Chipping Norton, England
- Der Steinkreis von Stonehenge liegt nördlich von Salisbury, drei Kilometer westlich von Amesbury, kurz nach der Teilung der A 303 und A 344 auf der gut markierten A 344 in England.

»Saubere Arbeit!« lobte Alfons. »Darf man fragen, weshalb du das alles so penibel genau mit allen Kilometerangaben und Abzweigungen notiert hast?«

Bevor Sven zur Antwort kam, weil er gerade den Mund voll hatte, lachten Vater Wehner und Ralf gleichzeitig los.

»Weil der Schlaumeier natürlich damit rechnet, daß wir die Steinkreise aufsuchen! Seine Beschreibung gleicht einer Wegkarte!«

»Ich habe nur die Wichtigsten herausgeschrieben«, verteidigte sich Sven. »Schließlich kann man ja mal vorbeischauen. Ich habe gelesen, die Kreise seien auf ordentlichen Straßen erreichbar. Allerdings muß man sich auf den englischen Linksverkehr einstellen.«

»Nicht mehr allzulange«, warf Alfons dazwischen. »Die Briten – als Teil der EG – werden sich auch bald auf die Rechtsfahrerei im Straßenverkehr umstellen müssen.«

Sven legte sein letztes Holzstäbchen auf den Teller. »Mir reicht's! Ich bin satt wie eine gemästete Gans! Ihr könnt ja noch weitermampfen, ich berichte inzwischen schon mal über den recht unbekannten Steinkreis von Rollright. Zum weltberühmten Ring von Stonehenge komme ich später, denn viele Kreise sind untereinander gekoppelt.«

»Und wo ist dieses – *hhujjj* – Rollright?«

»Etwa 80 Kilometer von London. Man nimmt die Autobahn M 80 Richtung Oxford und schwenkt dann nördlich davon in die A 34 ein bis zu einem Nest mit dem Namen Chipping Norton. Ab dort sind es noch etwa vier Kilometer auf der M 44.«

»So genau wollten wir es gar nicht wissen«, spöttelte Ralf. »Wir sind ja noch nicht dort.«

»Aber es vereinfacht die Suche, wenn wir mal hinfahren, großer Bruder! Die ganze Anlage von Rollright besteht aus drei Teilen:

1. Einem perfekten Kreis mit einem Durchmeser von 31,6 Metern. Genannt *The King's Men.*

2. Einem einzelnen, aufrechtstehenden Menhir, sehr verwittert, 2,60 Meter hoch und 1,44 Meter breit. Man nennt ihn *The King's Stone.*

3. Einer Gruppe zum Teil umgestürzter Menhire mit dem Namen *The Whispering Knights.*«

»Und was heißt das auf deutsch? Oder bin ich wieder mal ausgeschlossen?« meckerte Andy.

Vater Wehner gab die Antwort: »Das Wort *Men-hir* stammt aus dem Keltischen und bedeutet: ›langer Stein‹. *The King's Men* sind ›die Männer des Königs‹. *The King's Stone* ist ›der Königsstein‹, und *The Whispering Knights* sind ›die flüsternden Ritter‹. – Sven, hast du etwas über die Legenden herausbekommen? Wir wissen ja seit Delphi mit dem Göttersohn Apollo, wie hilfreich Legenden sein können.«

»Eine Sage berichtet, bei den Rollright-Steinen handle es sich um einen König und seine Soldaten, die ein Wunder in Steine verwandelte, und daß es Gräber gäbe, in denen der König und seine Männer schliefen, um eines Tages leibhaftig wieder zu erwachen. Eine andere Legende um die ›flüsternden Ritter‹ sagt, diese Ritter würden in den Neujahrsnächten zu einem Bächlein unten am Hügel marschieren, um Wasser zu trinken. Und eine dritte Legende will gar wissen, einst sei versucht worden, den einzelnen, aufrechtstehenden Menhir als Brückenpfeiler für eine neue Brücke einzusetzen. Doch jeden Morgen habe der Stein wieder an seinem alten Platz gestanden. Zu diesen drolligen Überlieferungen gesellen sich moderne Berichte unserer Zeit. Es gibt Leute, die behaupten, sie hätten Schwindelgefühle, wenn sie die Steine anfassen. Andere reden von Halluzinationen...«

»Von *was*, bitte?« flehte Andy.

»Von Halluzinationen, damit meint man Wahnvorstellungen, und Rutengänger behaupten gar, Schockwellen empfangen zu haben.«

»Ich will dich wirklich nicht ständig unterbrechen«, sagte Andy, der eben seinen letzten Bissen Kalbfleisch zerkaute, »nur muß ich einfach wissen, was ein ›Rutengänger‹ ist. Sind das Leute, die Kinder verprügeln?«

»Hujjj-hujjj«, zischte es zwischen den Zähnen von Alfons hervor. »Um Himmels willen, nein! Rutengänger sind im allgemeinen ganz friedvolle Menschen. Du mußt wissen, daß es unter dem Erdboden verschiedene Adern von Mineralien und Metallen gibt, beispielsweise Kupferadern oder im Glücksfall sogar Goldadern. Dazu kommen Wasseradern, denn auch das Grundwasser fließt in ganz bestimmten Kanälen. Nun kann man diese Adern mit bloßem Auge nicht sehen – eben weil sie unter der Erdoberfläche liegen. Die Rutengänger (Pfiff) sind Leute, die überzeugt sind, ihr Nervenkostüm sei ganz besonders empfindlich. Sie nehmen eine Rute – das kann ein Kupfer- oder auch Silberdraht oder ein anderes Material sein – in die Hände und wandern über das Gelände. Sobald sie eine Ader orten, schlägt die Rute aus. Der Rutengänger spürt das. Begriffen?«

»Ich bin ja nicht doof«, maulte Andy. Sven fuhr mit seiner Schilderung fort.

»Bei den Rollright-Steinen machte eine Gruppe von Wissenschaftlern eine seltsame Beobachtung. Man wußte, daß Steine, wenn sie von der Sonne erwärmt werden, eine andere Strahlung abgeben als kalte Steine. Diese Strahlung wollte man genau messen. Feinstoffphysiker installierten bei den Rollright-Steinen einige empfindliche Meßapparaturen, die mit automatischen Schreibgeräten gekoppelt wurden. Man erwartete kurz nach Sonnenaufgang einen leichten Strahlenanstieg, der sich dann erhöhen sollte, je wärmer der Stein wurde. Kurioserweise registrierten die Meßgeräte bereits eine halbe Stunde *vor* Sonnenaufgang ein unerwartetes Pulsieren, das vom Menhir *King's Stone* kam und auf die Gruppe der *flüsternden Ritter* übergriff. Eigenartigerweise pulsierten aber die Steine des Steinkreises nicht. Zirka zwei Stunden nach Sonnenaufgang hörte die Pulsation plötzlich auf, dafür begannen jetzt die Steine des Kreises zu pulsieren! Schließlich baute sich zwischen dem Steinkreis und dem *King's Stone* ein deutlich meßbares elektrisches Feld auf. Als einer der Wissenschaftler in den Steinkreis trat, um die Meßinstrumente zu überprüfen, hörte die Pulsation abrupt auf. Der Chefwissenschaftler, ein Herr Dr. G. V. Robins, vermerkte in seinem Abschlußbericht [14]:

Bei allen Besuchen in der Morgendämmerung konnte starkes Pulsieren rund um den Menhir sowie auf der Straße und dem Feld zwischen Menhir und Kreis beobachtet werden. Doch dies hörte sofort auf, sobald jemand in den Steinkreis trat... Dieser Wechsel zwischen intensivem Pulsieren und sehr schwachen, unter den Grundwerten liegenden Schwankungen wiederholte sich während der gesamten Beobachtungszeit.

Dr. Robins vermutete sogar, es handle sich bei den Rollright-Steinen um irgendein ›Energiezentrum‹, und er äußerte den Verdacht, die steinzeitlichen Erbauer müßten davon gewußt haben, sonst hätten sie die drei Steingruppen nicht in ihrer ganz bestimmten Anordnung aufgestellt.«

Die Runde schwieg. Was Sven berichtet hatte, verschlug allen den Atem. Um Zeit zum Nachdenken zu gewinnen, schlug Vater Wehner vor, zuerst das Geschirr wegzuräumen und auch gleich abzuwaschen. Andy hatte am meisten Fleischspießchen verdrückt, er trug die Reste in die Küche. Onkel Alfons und Ralf halfen beim Abwasch. Sven ordnete seine Papiere auf dem Tisch, und Vater Wehner servierte Kaffee und Gebäck.

»Wenn die Vermutung dieses Dr. Robins richtig ist, dann sind wir so weit wie gestern. Entweder waren unsere steinzeitlichen Vorfahren nicht primitiv, wie bisher angenommen, und sie kannten die Wirkung ihrer ›Energiezentrale‹, oder es waren wieder mal Geister, von mir aus auch ›ET's‹, am Werk«, erklärte Ralf.

»Wenn *ein* Steinkreis irgendeine Form von Energie abstrahlt«, meinte Onkel Alfons, »dann müssen es andere vermutlich auch. Wie viele Steinkreise, sagtest du, soll es alleine auf den britischen Inseln geben?«

»Etwas über neunhundert!«

»Das ist – *hhujjj* – eine ganze Menge! Und stehen sie in Beziehung zueinander?«

»Einige mit Sicherheit«, antwortete Sven überzeugt. »Ich hatte ja auch noch Schule, und so fehlte mir die Zeit, mich ausschließlich mit den englischen Steinkreisen zu beschäftigen. Das wäre vermutlich eine Lebensaufgabe. Aber ich kann belegen, daß gut ein Viertel der Steinkreise unter dem Liniennetz von Cornelias Karten liegen. Viele der Linien laufen strahlenförmig auf Stonehenge zu und überschneiden sich dort.«

»Auf Stonehenge? Nicht auf die Rollright-Steine?« wollte der Vater wissen.

»Was ist Stonehenge?« nervte Andy.

»Ein großer, mächtiger Steinkreis. Wo der liegt, kannst du auf meiner Tabelle nachlesen«, erwiderte Sven. »Ich habe über Stonehenge sehr viel Material gefunden. Da ist einmal die Geschichte der Entstehung dieses alten Steinkreises, dann einige Legenden, die sich darum ranken, und schließlich eine ganze Menge neuester, wissenschaftlicher Erkenntnisse darüber. Was wollt ihr wissen?«

»Alles«, entgegnete Onkel Alfons, und zwischen einigen Pfiffen ergänzte er: »Wir haben bei Delphi in Griechenland gesehen, wie wichtig es sein kann, etwas über die Geschichte zu erfahren. Wenn wir nichts über die Geschichte gehört hätten, wüßten wir nichts vom ›Nabel der Welt‹, nichts von Apollo und seinen Taten, nichts über den Goldenen Schnitt, in dem die Kultorte aufgereiht sind und so weiter. Der Unterbau, der uns vielleicht später einer Lösung näherbringt, ist immer die Geschichte. Sven, fang an, wir sind ganz Ohr!«

Alle blickten auf Sven. Der sortierte zum x-ten Male ganz gemächlich seine Notizen, groß Sahne in den lauwarmen Kaffee und zerkaute genüßlich einige Kekse.

»Die Regel gilt«, dozierte er, nachdem der letzte Keks verschluckt war, »ihr dürft mich unterbrechen. Ihr könnt euch aber auch Stichworte aufschreiben und später nachfragen. Es geht um Stonehenge, den geheimnisvollsten Steinkreis in England. Daß sich viele Linien von Cornelias Karten über Stonehenge kreuzen, ist schon gesagt worden. Zuerst aber informiere ich euch über die Geschichte und die Irrwege der Entdeckungen vom Mittelalter bis in die Gegenwart.

Archäologen haben herausgefunden, daß Stonehenge in mindestens zwei Bauetappen errichtet wurde. Die älteste Etappe geht bis ins Jahr 2800 vor Christus zurück, das wären runde 4800 Jahre vor unserer Zeit. Damals, doch dies nur am Rande, standen in Ägypten noch keine Pyramiden, die Schrift war noch nicht erfunden, und die Menschen lebten in der Steinzeit, was bedeutet: Sie kannten keinerlei Metall. Es gibt vereinzelte Forscher, die meinen sogar, Stonehenge sei noch älter und reiche bis um 5000 vor Christus zurück. Doch diese Meinungen werden von der klassischen Archäologie nicht geteilt.

Verlegt man die erste Bauetappe um 2800 vor Christus, so muß damals etwas sehr Seltsames geschehen sein. Es muß nämlich irgendein Planer und Denker ans Werk gegangen sein, der Großes im Schilde führte. Niemand weiß, wer die Bauherren waren, niemand ahnt, wer den Auftrag zur großen Leistung erteilte. Man weiß dies deshalb nicht, weil es – eben! – damals noch keine Schrift gab, und weil auf den Monolithen von Stonehenge keinerlei Gravuren auftauchen...«

»Gestatte, Bruderherz, was ist ein Monolith?« Andy erkundigte sich ganz artig.

»Ich habe nachgeschaut. Das Wort ›Monolith‹ ist ein zusammengesetztes Wort aus dem alten Griechischen. *Mono* bedeutet groß, und *lithos* bedeutet Stein. Ein Monolith ist ein großer Stein.

Dieser unbekannte Chefplaner, der mit der ersten Bauetappe von Stonehenge begann, muß bereits ein ganzes Bündel von Informationen besessen haben, denn sehr viel Wissen astronomischer Art – ich werde darauf zurückkommen – steckt in Stonehenge. Es sieht aus, als ob viele Generationen *vor* dem Chefplaner bereits Licht und Schatten von Sonnenauf- und -untergängen auf dem Boden markierten und auch die Mondphasen und andere astronomische Vorgänge am Himmel beobachteten. Denn alle diese Informationen müssen dem Chefplaner der ersten Etappe bereits zur Verfügung gestanden haben. Wir werden nie erfahren, auf welche Weise diese astronomischen Daten überliefert wurden, denn eine Schrift gab es, wie gesagt, zu jener Zeit noch nicht. Aus den steinernen Tatsachen läßt sich nur ablesen, daß dem Architekten der Stunde Null ein Bündel gesicherter Ermittlungen zur Verfügung gestanden haben muß. Ebenso unerfindlich bleibt, mit welchen technischen Hilfsmitteln diese Informationen zustande kamen.

Eine weitere Schwierigkeit mußte der Chefplaner überwinden: die Werkzeuge. Vor 4800 Jahren gab es nur Arbeitsgeräte aus Feuerstein, Knochen, Stein und Holz. Alles recht weiches Material, mit Ausnahme des Feuersteins.«

»Weiß jemand, was das ist, Feuerstein?« warf Vater Wehner in die Runde. Alfons übernahm die Erklärung.

»Feuerstein findet man insbesondere in Kalkschichten aus der Kreidezeit, die liegt etwa 80 Millionen Jahre hinter uns. Dieser Feuerstein ist einerseits spröde, er läßt sich leicht bearbeiten, andererseits ist er fast so hart wie Stahl. Die Natur gibt Feuersteinklumpen frei, wenn sich der Kalksteinmantel, der sich um den Feuerstein (Pfiff) herum gebildet hat, durch die jahrtausendelange Verwitterung auflöst. Derartige Feuersteinklumpen können einen Durchmesser von bis zu einem Meter haben. Man weiß, daß die steinzeitlichen Jäger Feuerstein für alle möglichen Werkzeuge verwendeten. Sie schlugen die Klumpen auf und hackten mit anderen Feuersteinsplittern solange darauf herum, bis ein handliches Werkzeug entstand, das bequem in die Faust paßte. Übrigens, und das ist auch so eine Ungereimtheit, sind regelrechte (Pfiff) Feuersteinbergwerke entdeckt worden. Soll ich das rasch dazwischenschieben, oder soll Sven mit Stonehenge weiterfahren?«

»Mach ruhig«, antwortete Sven gelassen. »Wir haben den ganzen Nachmittag Zeit, und wenn's sein muß, auch noch die halbe Nacht.«

»Ein Feuersteinbergwerk mit Hunderten von Schächten gibt es in Bayern im Landkreis Kelheim, ein anderes, das Touristen sogar besuchen dürfen, unweit des holländischen Ortes Rijckholt. Der liegt zwischen Aachen und Maastricht. Dort entdeckten Forscher bereits im Jahre 1910 mehrere Grubenschächte, die schließlich im Jahre 1972 gründlich erforscht wurden. Ein holländischer Grabungstrupp legte einen Querstollen von 150 Metern Länge an. Dabei entdeckten sie auf einer Fläche von etwa 3000 Quadratmetern nicht weniger als 66 Bergwerksschächte. (Drei Pfiffe) Das gesamte Stollengebiet bedeckt hingegen eine Fläche von sage und schreibe 25 Hektar! Auf diese Gesamtfläche verteilt, müßte das Bergwerk rund 5000 Schächte enthalten haben. Aus der Anzahl und der Größe der Stollen ließ sich errechnen, daß in der Steinzeit rund 41250 Kubikmeter Feuersteinknollen gefördert wurden. Daraus ließen sich nicht weniger als (langgezogenes Hhujjj!) 153 Millionen Äxte herstellen.«

»Woher weißt du das so genau?« fragte Vater Wehner.

»Du kennst doch meine Kuriositätensammlung in meinem kleinen Archiv. Der Bericht über dieses Feuersteinbergwerk kam mir erst kürzlich in die Hände, und bevor ich etwas archiviere, lese ich es gründlich. Ich hätte noch einige Zusatzinformationen:

In den Schächten des Feuersteinbergwerkes fanden die Forscher über 15 000 Werkzeuge. Auch hier ließ sich errechnen, daß im gesamten Bergwerksgebiet heute noch etwa zweieinhalb Millionen Werkzeuge liegen müßten. Unter der Voraussetzung, das Bergwerk sei etwa 500 Jahre lang genutzt worden, hätten die emsigen Steinzeitmenschen Tag für Tag, jahraus jahrein, mindestens 1500 Äxte herstellen müssen! *Hhujjj!* Das ist ein tolles Ding!«

Ralf meldete sich zu Wort: »Irgend etwas kann da nicht stimmen. Das würde bedeuten, daß es vor Jahrtausenden ein ›Bergwerkskommando‹ gegeben hätte, mit einem regelrechten Verteilernetz. Die Millionen von Feuersteinäxten mußten ja an den Mann und an den richtigen Ort gebracht werden. Zudem frage ich mich, wie die Steinzeitler ihre Schächte absicherten und beleuchteten. Wie alt soll denn dieses Feuersteinbergwerk an der holländisch-deutschen Grenze sein?«

»C-14-Datierungen von einem Holzkohlenstück in einem Schacht ergaben ein Alter von rund 3200 Jahren vor Christus.«

»Und was, wenn man nachhaken darf«, fragte Andy mit gespielter Höflichkeit, »sind C-14-Datierungen?«

Der Vater erklärte es. »Aus dem Weltall wird die Erde ununterbrochen radioaktiv bestrahlt. Diese Radioaktivität ist absolut minimal und ungefährlich. Alles, was auf der Erde lebt, also Bäume, Pflanzen, Tiere, Menschen nehmen diese Radioaktivität in Form von Kohlenstoff-Isotopen mit dem Atomgewicht 14 auf. Abgekürzt nennt man dies C-14. Sobald ein Organismus abstirbt, hört er auf, C-14-Isotope aufzunehmen. Jetzt beginnt die Zerfallszeit. Du wirst sicher schon gehört haben, daß sich jede Radioaktivität nach längerer Zeit abbaut. Sie zerfällt, die Strahlung wird immer schwächer, und wenn nur noch die Hälfte der ursprünglichen Menge vorhanden ist, spricht man von der ›Halbwertszeit‹. Diese ›Halbwertszeit‹ von C-14-Isotopen beträgt 5600 Jahre. Nun weiß man, wie hoch die ursprüngliche Menge an radioaktiven C-14-Isotopen war, denn alles, was lebt, trägt schließlich die gleiche Menge in sich. Wird nun ein alter Knochen, ein Holzstück oder auch ein Stück Tuch gefunden, läßt sich die vorhandene Menge von C-14 messen. Man kann die Isotopen regelrecht zählen. Jetzt braucht man bloß noch zurückzurechnen: Nach 5600 Jahren ist nur noch die Hälfte da, oder nach 11200 Jahren nur noch ein Viertel. Das sind die C-14-Datierungen.«

»Nicht schlecht«, meinte Andy. »Funktioniert das immer?«

»Nee. Es gibt Schwankungen und Unsicherheitsfaktoren, zudem wird die Messung immer ungenauer, je weniger C-14-Isotopen vorhanden sind. Doch im allgemeinen ist das Verfahren der Altersbestimmung durch die C-14-Methode ausgereift.«

»Ts... ts...«, spöttelte Sven. »Je mehr ich mich mit den Megalithikern befasse, um so kurioser werden sie. Feuersteinbergwerke in der Steinzeit! Das wird ja immer ulkiger! Soll ich mit Stonehenge fortfahren?«

»Wir sind gespannt darauf«, erwiderte Onkel Alfons. »Schließlich sind wir angetreten, um das Geheimnis von Cornelias Karten zu knacken.«

»Also – der Chefplaner von Stonehenge legte vor 4800 Jahren eine kreisförmige Einfassung ins Gelände. Den Eingang zum Kreis markierte er durch zwei große Monolithen und einen sogenannten ›Fersenstein‹, man nennt ihn *Heelstone*. Dieser *Heelstone* stand außerhalb des Kreises vor dem Eingang. Anschließend wurde – wie bei den Wikingerburgen in Dänemark – ein zweiter Steinkreis gesetzt und mit 56 Löchern markiert. Vermutlich steckten in diesen Löchern einst Stangen, mit denen sich bestimmte Ziellinien anvisieren ließen. Volle 700 Jahre nach dieser ersten Bauetappe wurden mächtige, 4,5 Tonnen schwere Monolithen aufgestellt, um das Bauwerk weiterzuführen. Das Verblüffende dabei ist, daß diese Steine – man nennt sie ›Blausteine‹, weil sie in der Nässe bläulich schimmern – bereits in der ursprünglichen Planung des Chefplaners berücksichtigt gewesen sein müssen. Ein tolles Ding, das da 700 Jahre nach Baubeginn geleistet wurde. Wie hat man nur die Bauanweisung des Chefplaners über 700

Jahre weitergereicht? *Ohne Schrift!* Diese ›Blausteine‹ stammen aus einem Steinbruch in den Prescelly-Bergen, und die liegen 220 Kilometer entfernt in der Grafschaft Prembrokeshire in Wales. Wohlverstanden, diese Monolithen sind nicht etwa 700 Jahre nach Baubeginn *transportiert* worden. Sie lagen schon vorher auf dem Baugelände herum. Nur *aufgerichtet*, und an die richtigen, dafür vorgesehenen Stellen gepflanzt wurden sie erst 700 Jahre nach Baubeginn. Weshalb nur mußte es absolut diese Steinsorte sein und keine andere? Wir wissen es nicht. Auch über den Transport der Schwergewichte über eine Distanz von immerhin 220 Kilometern Luftlinie gibt es nur Vermutungen. Auf dem Landweg sind es sogar rund 380 km. So hatte ein Professor Atkinson vom Archäologischen Departement der Universität Cardiff mit seinen Studenten einen praktischen Versuch unternommen. Man nahm einen Monolithen von 4,5 Tonnen Gewicht und bugsierte ihn auf einem Schlitten bis zum nächsten Fluß. Dort wurde der Block auf ein Boot umgeladen, das aus drei nebeneinanderliegenden Pontonbooten bestand, die ein gemeinsames Deck verband. Vier Männer stakten die Last flußaufwärts, vierzehn zerrten den Schlitten über Holzrollen einen kleinen Hang hinauf.

Obwohl dieser ›Transportbeweis‹ gelungen ist, war er doch nicht ganz lupenrein. Man setzte nämlich stillschweigend Geräte und Werkstätten voraus, die es vor 4800 Jahren schwerlich gab: etwa Schiffswerften, die vorher Modelle ausprobieren mußten, Seilereien, die Taue für Schwerlasten fertigten, Kräne und Flaschenzüge, wenn auch einfachster Art, eine Kommandostruktur mit Transportingenieuren und so weiter. Diese Widersprüche sind auch Professor Atkinson nicht entgangen, denn er gesteht: Wir werden nie genau wissen, wie die Steine transportiert wurden. [15]

Nicht nur das, wir rätseln auch immer noch am Zweck der Anlage herum...«

»Ich dachte, es sei längst bewiesen, daß Stonehenge eine astronomische Anlage gewesen ist«, unterbrach Ralf.

»Ja und nein«, entgegnete Sven. »Stonehenge war zwar bestimmt eine astronomische Einrichtung, doch vielleicht noch viel mehr als nur dies. Ich möchte dazu erklären, was die verschiedenen Entdecker herausfanden.

Zu Beginn des 17. Jahrhunderts beauftragte König Jakob I., der von 1603 bis 1625 König von England war, seinen Hofarchitekten Inigo Jones (1573–1652), sich den seltsamen Steinkreis anzusehen und darüber zu berichten. Inigo Jones registrierte damals etwa 30 Monolithen von schätzungsweise 25 Tonnen Gewicht bei einer Höhe von 4,3 Metern, die im Kreis angeordnet waren. Dazu bemerkte Jones viele Löcher im Boden und den inneren Monolithenkreis, der aus fünf Trilithen bestand. Trilithen sind ›Dreisteine‹, zwei senkrechte mit einem waagerechten obendrauf. Was berichtete Inigo Jones seinem König? Es handle sich um die Ruinen eines römischen Tempels.

Etwa 50 Jahre später beauftragte König Karl II., der England von 1660 bis 1685 regierte, einen Herrn John Aubrey, sich nach Stonehenge zu begeben. Dieser Herr Aubrey entdeckte die 56 Löcher im Boden, die seither den Namen ›Aubrey-Löcher‹ tragen. Was wußte Herr Aubrey seinem König zu erzählen? Die Sache mit dem römischen Tempel sei ein Unsinn, es handle sich vielmehr um ein altes Heiligtum der Druiden. Das waren keltische Priester.

Fast 200 Jahre später, im Jahre 1901, nahm sich Sir Joseph Norman Lockyer des Rätsels von Stonehenge an. Dieser Sir Lockyer war von Beruf Astronom und Direktor einer Sternwarte, deshalb betrachtete er Stonehenge unter astronomischen Gesichtspunkten. Er datierte Stonehenge auf 1860 vor Christus, also in eine Zeit, die weit vor der keltischen Epoche lag. Damit war die Mär vom ›Druiden-Heiligtum‹ gestorben.

In unserem Jahrhundert wurde die Erkundung von Stonehenge intensiver betrieben. Man entdeckte Feuersteinbeile und -hämmer und rätselte über die Herkunft des Gesteinsmaterials. Es sind in Stonehenge nämlich verschiedene Steinsorten zum Einsatz gekommen: Sandstein, Granit, Basalt, Quarz, Dolerit, die ›Blausteine‹ aus Rhyolith und schließlich auch noch Andesit, das ist ein graugrünliches Tiefengestein von enormer Härte und Resistenz. Im Umkreis von 50 Kilometern fand man alle erwähnten Steinarten – bis auf die ›Blausteine‹. Der Steinbruch dieser ›Blausteine‹ wurde erst 1923 von einem Herrn Dr. Thom entdeckt. Ich sagte es schon, er liegt in den Prescelly-Bergen in Südwales, 220 Kilometer Luftlinie oder 380 Kilometer Landweg von Stonehenge entfernt.«

»Wie sicher ist das?« fragte Ralf. »Gibt es nicht auch andere Steinbrüche mit derselben Gesteinsart?«

»Der Herkunftsort der ›Blausteine‹ steht einwandfrei fest. Wissenschaftler haben Gesteinsschliffe angefertigt, die dünner sind als ein Film. Durch mikroskopische Untersuchungen wurden die Größe, die Art und sogar die Anordnung von Mineralien im Gestein analysiert und mit den Felsen im Steinbruch der Prescelly-Berge verglichen... Hier ist eine fast kriminalistische Untersuchung angestellt worden, und das Resultat ist klar: Die ›Blausteine‹ stammen aus den Prescelly-Bergen.«

»Mein Kompliment«, sagte Vater Wehner. »Du bist wirklich außerordentlich gut vorbereitet.«

»Nur Geduld.« Sven lächelte überlegen. »Die eigentlichen Rätsel um Stonehenge sind noch gar nicht aufgetischt! Am 26. Oktober 1963 veröffentlichte die Naturwissenschaftliche Zeitschrift ›Nature‹ eine Zuschrift des Astronomen Gerald Hawkins. Darin behauptete der Astronom, es stehe einwandfrei fest, daß Stonehenge ein astronomisches Observatorium gewesen sei. Diese Behauptungen belegte Hawkins eindrücklich in einem Buch. [16]

Hawkins wollte wissen, in welcher Verbindung die 56 ›Aubrey-Löcher‹ mit den Trilithen und dem *Heelstone* standen. Dazu trichterte er einem Computer 7140 mögliche Verbindungslinien ein und ließ ihn errechnen, ob bestimmte Linien häufiger in Verbindungen zu den Gestirnen stünden, als es der Zufall erwarten ließ. Die Daten verblüfften! Stonehenge erwies sich als eine gigantische Sternwarte, mit deren Hilfe sich ganze Ketten von astronomischen Voraussagen machen ließen. So mußte der Chefplaner vor 4800 Jahren bereits gewußt haben, daß der Mond in genau 18,61 Jahren zwischen einem nördlichsten und einem südlichsten Punkt pendelt. Vom Zentrum des Steinkreises aus ließ sich über dem *Heelstone* der Sonnenaufgang zur Zeit der Sommersonnenwende beobachten. Doch auch exakte Vorausbestimmungen von Sonnen- und Mondfinsternissen waren in Stonehenge möglich wie auch vom Sonnenaufgang am Tag der Wintersonnenwende oder vom Mondaufgang zur Sommersonnenwende. Nicht nur das, sogar die Bahnen vieler Fixsterne wie beispielsweise Kapella, Kastor, Pollux, Wega, Antares, Atair oder De-

*Der Hausberg von Spiez, der »Niesen«,
hat die Form einer Pyramide.*

1 

 2

Pictogramme in Englands Kornfeldern. Wer versucht, uns etwas mitzuteilen?

 3

Die Halme sind nicht geknickt, sondern bündelweise ineinandergewoben.

 4

Diese Nachahmung ist von Studenten produziert worden. Alle Fälschungen sind an den unsauberen Rändern und den niedergetretenen Halmen leicht erkennbar.

5

6

Das weiße Pferd auf einem Hügel bei Uffington, England, ist mindestens 2000 Jahre alt.

Der dänische Pilot Preben Hansson

7 

Ein Modell des »Trelleborg« zeigt die geometrische Aufteilung.

8 

Der Trelleborg mit seinen dreizehn »Schiffchen«.

9 

So sieht die Wikingerburg aus größerer Höhe aus.

10 

»Fyrkat« ist die dritte Wikingerburg auf der geraden Linie.

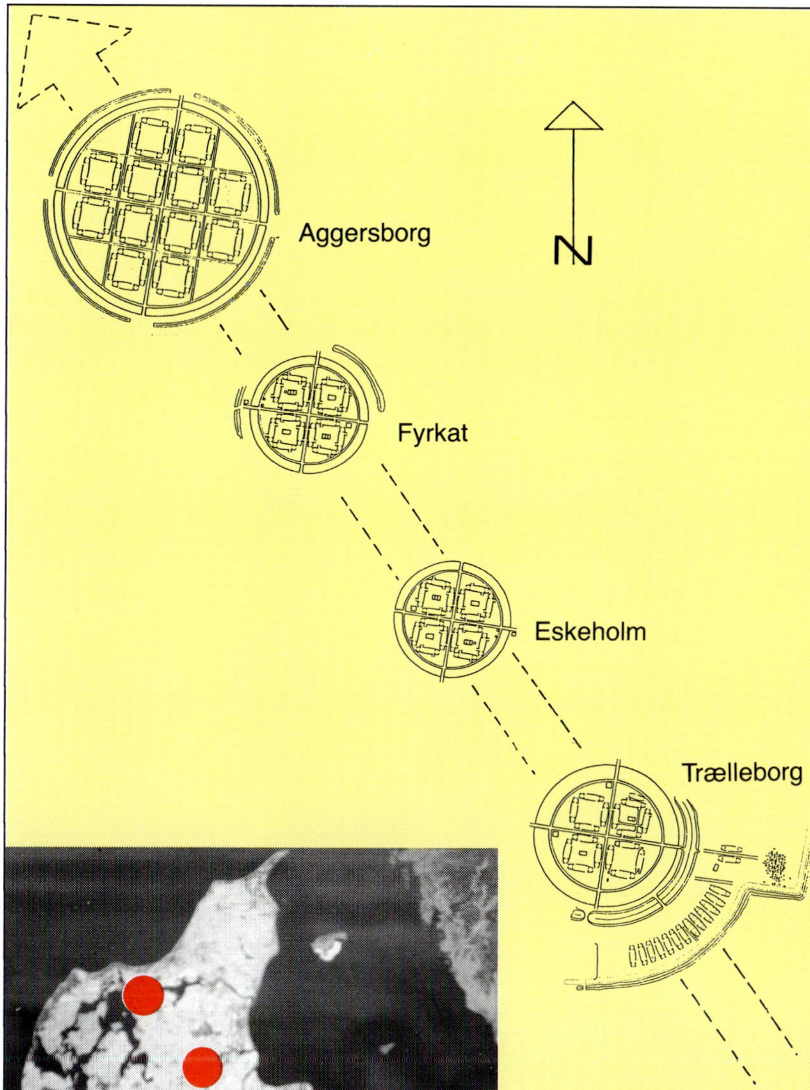

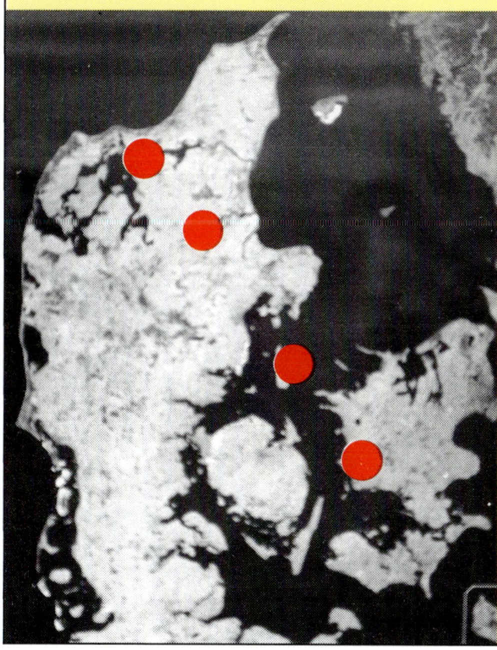

Vier Wikingerburgen, aufgereiht wie an einer Perlenschnur. Die verlängerte Linie führt zielgenau an den altgriechischen Orakelort Delphi.

12

So sollen die Tempel von Epidauros in Griechenland einst ausgesehen haben. Hier residierte und heilte Asklepios, ein Sohn von Apollo.

13

Heute ist Epidauros ein Trümmerhaufen.

14

15

16

Diese gewaltigen Brocken gehören zum Steinkreis von Avebury in England.

Die Basilika von Santiago de Compostela in Spanien. Hier endet die »Sternenstraße«, die über die Pyrenäen läuft.

Vor Jahrtausenden soll der Steinkreis von Stonehenge so ausgesehen haben.

19

Stonehenge heute

20

21

22

Der Steinkreis von Rollright in England.

23

Das sind die »flüsternden Ritter«.

24

Das Alter der stark verwitterten Steine von Rollright in England ist unbekannt.

25

▲
Aus der Luft erkennt man die geometrische Ordnung der Steinallee von »le ménec« in der Bretagne.

26

Eindrücke der verschiedenen Steinsetzungen in der Bretagne beim Städtchen Carnac (Abb. 26–30),

27

28

29

30

32

Die seltsamen, vorgeschichtlichen »Geleise« auf der Insel Malta.

33

34

Einer der megalithischen Tempel auf Malta, deren Alter umstritten ist.

Beim Inselchen Er Lannic versinken die Menhire im Wasser des Atlantiks. Unter dem Meeresspiegel liegt ein zweiter Steinring.

37

38

Das Inselchen Gavrinis mit dem großen Dolmenhügel.

Der Eingang zum Dolmen von Gavrinis.

39

40

Die Seitenwände des Dolmen bestehen aus insgesamt 52 megalithischen Blöcken.

Rechte Abb.: Der Monolith Nummero 21 mit den 18 »Steinfäustlingen«.

41

Ralf und Cornelia helfen Mark bei der Arbeit.

42

Über 26 von insgesamt 52 Steinplatten verlaufen seltsame Gravuren.

43

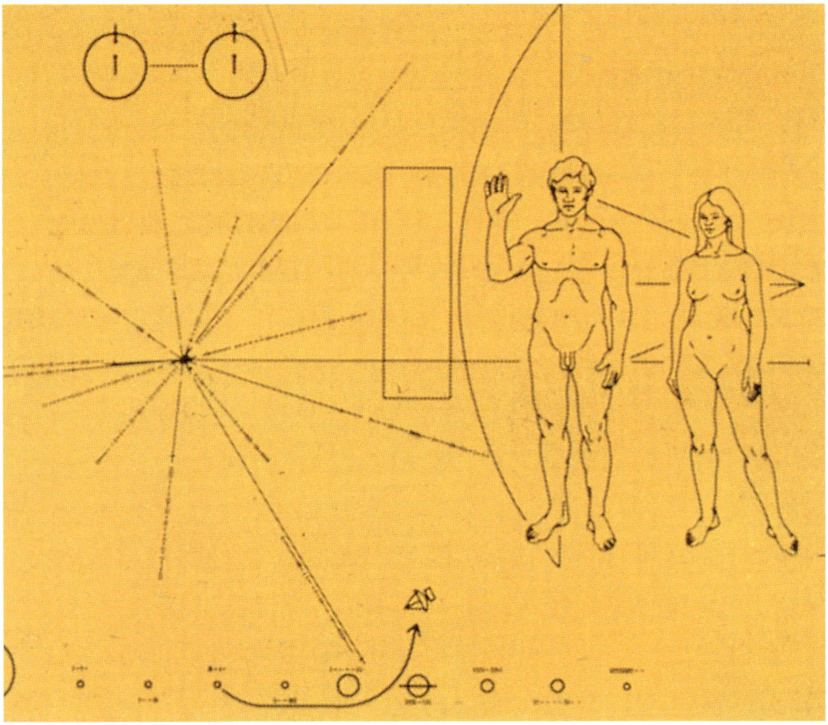

44

Der Weltraumsonde »Voyager« wurde diese Zeichnung mitgegeben. Werden Außerirdische daraus schlau?

Und in den Weltraumsonden »Pioneer 10« und »11« liegt diese Botschaft an Außerirdische. Die Gravuren sind auf eine vergoldete Aluminiumplakette geritzt worden.

45

neb müssen von Stonehenge aus beobachtet worden sein. Der Ort war das größte steinzeitliche Observatorium, das hervorragende astronomische Daten lieferte!

Später untersuchten die beiden Professoren Alexander Thom und sein Sohn über 600 steinzeitliche Monumente nach astronomischen Gesichtspunkten. Alle – ausnahmslos! – wiesen astronomische Bezüge auf! Den beiden gründlichen Gelehrten fiel noch etwas anderes auf, das die ganze Fachwelt verblüffte: An allen vorgeschichtlichen Steinsetzungen in Europa, egal, ob in Irland, England, Frankreich, Dänemark oder Spanien, war das gleiche Einheitsmaß zur Anwendung gekommen! Die Professoren Thom nannten dieses Einheitsmaß ›megalithisches Yard‹. Es entspricht genau 82,9 Zentimetern.«

»Das ist doch völlig unmöglich!« rief Ralf aus. »Ich zweifle nicht an deiner gründlichen Arbeit, Sven, aber ein derartiges Einheitsmaß kann es in der Steinzeit nicht gegeben haben! Stell dir nur mal vor, was das bedeuten würde. Wenn die steinzeitlichen Handwerker im Norden von Irland denselben Maßstab verwendeten wie ihre Kollegen in England, Dänemark, Frankreich und Spanien, dann hätte es eine gemeinsame Eichstätte geben müssen. Irgendeine Zentralstelle, wo alle damaligen Völker ihr Grundmaß überprüfen konnten. Das ist absolut ausgeschlossen. Das paßt doch überhaupt nicht ins archäologische Lehrbild über die Steinzeit!«

»Du hast recht, Ralf, und dennoch war es genau so!« beharrte Sven auf seinem Standpunkt. »Ich weiß, ein gemeinsames Einheitsmaß für alle steinzeitlichen Baumeister ist ein Ding der Unmöglichkeit. Dennoch bleibt es dabei: Die beiden Professoren Thom und Thom haben diesen ›Einheitsmeter‹, das ›megalithische Yard‹ von 82,9 Zentimetern, bei sämtlichen Steinsetzungen in ganz Europa nachgewiesen. Sie arbeiteten allesamt mit dem gleichen Maßstab!«

Besänftigend mischte sich Vater Wehner in die Debatte:

»Ich denke, wir müssen diese Frage im Moment offenlassen. Ich werde mir das Buch von diesem Professor Alexander Thom besorgen. [17] Hast du noch andere Geheimnisse um Stonehenge, Sven?«

»Die Professoren Thom und Thom – Vater und Sohn – gelten als die gründlichsten Kenner der britischen Megalithanlagen. In einem gemeinsam verfaßten Buch vermerken sie – ich zitiere: [18]

Man kann sich schwer vorstellen, wie die Baumeister im Megalithikum ihre Monumente entworfen und ausgeführt haben, ohne diese (astronomischen) Hilfsmittel; und doch war es genau so... Die Bauleute des Megalithikums haben mit der Geometrie experimentiert und Meßregeln aufgestellt. Wir wissen nicht, in welchen Beziehungen diese Vorstellungen zu ihren anderen Institutionen standen, aber aus irgendeinem Grunde waren die von ihnen erforschten mathematischen Prinzipien für sie wichtig genug, um dem Stein anvertraut zu werden.

So ist es. Astronomische und geometrische Daten spielten im Denken der Megalithiker eine entscheidende Rolle. Welche?«

»Was guckst du mich so an? Ich weiß es doch nicht!« maulte Andy.

»Ich gucke euch alle an, nicht nur dich. Wer hat eine Antwort auf die Frage, weshalb die Astronomie und Geometrie im Denken der steinzeitlichen Baumeister eine derartig entscheidende Rolle spielte?«

Vater Wehner machte einen Vorschlag.

»Damals war es für die Priester sehr wichtig, vor dem einfachen Volk Eindruck zu schinden. Mit einem genauen Kalender ließen sich eine ganze Menge von Voraussagen machen, die dem Volk wie Zauberei erscheinen mußten. Zum Beispiel ließ sich eine Mondfinsternis prognostizieren. Das war schon toll, wenn jemand voraussagen konnte, übermorgen in der Nacht würde sich der Mond verdunkeln, und es dann auch eintraf! Oder der Kalender gestattete die Voraussage, wann die Sonne im Laufe des Jahres ihren höchsten Punkt erreicht habe, wann Frühjahrs- und wann Herbstbeginn sei. Derartige Voraussagen waren für die Bauern von entscheidender Bedeutung. Schließlich mußten sie wissen, wann die Saat in den Boden gelegt werden sollte und wann die Ernte reif sei. Die Priester machten sich dies zunutze. Sie beeindruckten das Volk mit ihren exakten Voraussagen.«

Jetzt meldete sich Onkel Alfons wieder, der still vor sich hin lächelnd zugehört hatte:

»Ich kenne diese ehrenwerte, archäologische Lehrmeinung – sie läßt viele Fragen offen. Wie wir alle wissen, ist das Klima nicht jedes

Jahr gleich. Manchmal ist es im März angenehm warm, manchmal saukalt. Manchmal liegt noch Schnee im April, und dann wieder blühen bereits die Krokusse und Osterglocken im März. Wenn die Natur nicht mitspielt, nutzt ein priesterliches Kommando wie *der Frühling ist da, die Saat muß in die Erde* gar nichts. Auch der Ruf: *Herbst ist da, die Ernte ist reif!* ist für die Katz, wenn die Temperaturen im betreffenden Jahr hinterherhinken. Die voraussagenden Priester hätten sich entsetzlich – *hhujjj* – blamiert. Es ist nicht einleuchtend, warum riesige Steinmassen herangeschleppt und aufgetürmt werden mußten, nur um zu offenbaren, was jedermann ohnehin beobachten konnte: Die im Rhythmus von zwei Wochen fälligen Springfluten, das Herannahen des Frühlings, das Aufziehen der Herbstzeit. Zudem, und dies kann ich belegen, haben gerade steinzeitliche Völker mit ganz bescheidenem Aufwand wundervoll funktionierende Kalender benutzt. Einige Striche in einer Felswand – *hhujjj, hhujjj* – genügten wie auch wenige, ganz simpel in die Erde gesteckte Stangen. Die megalithischen Anlagen beweisen ein sehr hohes, astronomisches, geometrisches und bautechnisches Wissen. Ich kann mir schwer vorstellen, daß die Steinzeitmenschen bei all diesen Leistungen naiv waren. Die hätten sich für die – *hhujjj* – generationenlange Schufterei bedankt, nur um einen Kalender zu konstruieren, den in der Praxis kaum einer brauchte. Und schließlich wird bei dieser Kalender-Theorie stillschweigend vorausgesetzt, die steinzeitlichen Menschen vor rund fünf Jahrtausenden seien Viehzüchter und Akkerbauern gewesen. Das steht im Widerspruch zur Bevölkerungsdichte von damals. In den klugen Fachbüchern wird die Bevölkerungszahl mit zwei Personen pro Quadratkilometer angenommen. Wozu ein großangelegter Ackerbau mit monströsen Kalendern, wenn kaum jemand vorhanden war, der die Ackerfrüchte verspeiste?«

Bevor Vater Wehner einen Einwand vorbringen konnte, bat Alfons: »Laß mich diesen Gedanken noch zu Ende bringen: Selbst wenn wir die vorgeschichtlichen Steinkreise als Kalender betrachten, ist überhaupt nichts erklärt über die Arbeitstechnik, den Transport und über den Ursprung des mathematischen Wissens, das dahintersteckt. Woher kamen die astronomischen Informationen? Was nutzte die Beobachtung von Bahndaten gewisser Fixsterne wie Wega, Antares, Kastor, Pollux und so weiter?«

Vater Wehner brummte etwas vor sich hin. »Wir sind schließlich nicht hier, um uns zu streiten«, sagte er dann. »Im Grunde möchten wir das Geheimnis von Cornelias Landkarten knacken…«

»Genau, Daddy!« fuhr Sven dazwischen. »Und hier ist die Überraschung, wenn ihr so wollt, der Nachtisch zum ›Fondue Bacchus‹ von vorhin. Mitten durch das Zentrum der Anlage von Stonehenge laufen fünf lange Linien von Cornelias Karten. Sie kreuzen sich exakt über dem Steinkreis! Schaut her, ich habe euch eine Linie nachgezeichnet: Stonehenge liegt nordwestlich der Stadt Salisbury. Jetzt ziehe ich eine schnurgerade Linie über den steinzeitlichen Hügel von Old Sarum, verlängere die Strecke über die Kathedrale von Salisbury geradeaus weiter über den Clearbury-Ring und das Frankenbury-Camp. Alle Punkte sind vorgeschichtliche Rätselorte. Auch die Kathedrale von Salisbury ist auf einem heidnischen Zeremonialplatz errichtet worden. Es ist fast wie bei den Wikingerburgen in Dänemark. Hier in England verbindet diese Strecke Stonehenge–Old Sarum–Kathedrale von Salisbury–Clearbury-Ring–Frankenbury-Camp. Und das ist nur eine der fünf Linien, die über Stonehenge laufen!«

»Was soll einem da noch einfallen?« meldete sich Ralf mit leiser Stimme. »Wie ist so etwas möglich? Wie konnten Menschen in der Steinzeit ihre heiligen Plätze auf geraden Linien errichten? Das kann doch nun wirklich nichts mehr mit Kalenderdaten zu tun haben! Welche vermessungstechnischen Instrumente standen ihnen zur Verfügung? Wer hat sie an- und eingewiesen? Und vor allen Dingen: *Weshalb* das alles? Existierte zuerst Stonehenge, und später wurden andere Kultorte in geraden Linien dazu angeordnet, oder war es andersherum?«

Onkel Alfons gab eine Serie von hastigen Pfiffen von sich und fuchtelte mit den Händen.

»Beide Varianten führen zu unmöglichen Schlußfolgerungen. Wenn Stonehenge zuerst da war, müßten sich die nachfolgenden Generationen an ein Liniennetz gehalten haben, das nirgendwo existierte, denn Karten oder eine Schrift gab es zu jener Zeit nicht. Außerdem müßten sich die Nachfahren für mindestens ein Jahrtausend an die nichtexistierenden Linien gehalten haben, denn die verschiedenen Steinsetzungen sollen zu unterschiedlichen Zeiten entstanden sein. Und wenn wir es umgekehrt herum – *hhujjj* – angehen, wird es noch unmöglicher. Wenn zuerst die Linien festlagen, und Stonehenge wurde erst *dann* ins Netz gewoben, *wer* bitte, legte das Liniennetz *vor* der ersten Bauetappe von Stonehenge fest? Also vor gut 4800 Jahren? Einfach unmöglich!«

»Ich sehe schon, wir landen in einer Sackgasse.« Ralf kaute an den Fingernägeln, was nur geschah, wenn er nicht weiterwußte. Andy schwieg beharrlich und scharrte mit den Füßen. Dann trollte er sich aus lauter Verlegenheit in die Küche. Nur der Schnelldenker Sven schien überhaupt nicht verunsichert. Fein säuberlich hatte er neue Blätter vor sich hingelegt und strich liebevoll darüber, als ob er sie plätten müßte.

»Würde es euch stören, wenn ich noch einmal auf die Außerirdischen komme?«

»Uns stört gar nichts mehr, uns überrascht auch nichts mehr«, sagte Vater Wehner milde. »Schieß los, mein Sohn!«

»Die Astronomen der Welt haben sich in einer internationalen Organisation zusammengefunden, der IAU. Das ist die Abkürzung für Internationale Astronomische Union. Im Rahmen dieser Organisation gibt es diverse Arbeitsgruppen, eine davon nennt sich SETI. Das wiederum ist die Abkürzung der englischen Wörter Search for extraterrestrial intelligence. Auf deutsch: Die Suche nach außerirdischer Intelligenz. Bereits im Jahre 1973 wurde das zweite, internationale SETI-Symposium durchgeführt, und dort hielt der sowjetische Gelehrte Dr. Vladimir Avinsky einen aufregenden Vortrag über Stonehenge. Fast derselbe Vortrag wurde zwei Jahre später in der Physikabteilung des ›Moskauer Vereins für Naturforschung‹ nochmals gehalten und später sogar zum Referat des Jahres gekürt. Um was ging es?

Dr. Avinsky und sein Physiker-Kollege Dr. O. Tereschin belegten, daß Stonehenge eine außerirdische Botschaft enthalte. Sie sagten, Stonehenge sei buchstäblich kreuz und quer untersucht worden, nur habe man es verpaßt, auch noch die Beziehungen von Stonehenge zu anderen megalithischen Denkmälern zu untersuchen. Die beiden Gelehrten wollten herausfinden, ob sich denn andere Steinkreise, die nicht allzuweit von Stonehenge liegen, in ein einheitliches Schema fügen ließen. Dabei entdeckten sie so etwas wie einen ›Schlüssel‹, der zu allen Steinsetzungen paßte. Dieser ›Schlüssel‹ ergab sich aus dem Winkel der Mondneigung auf der geographischen Breite von Stonehenge am Tag der Tag- und Nachtgleiche. Das ist der 21. Juni, dann sind der Tag und die Nacht gleich lang.

Aus diesem ›Schlüssel‹, man könnte auch von einem ›Einheitsmaß‹ reden, ließen sich Pentagramme (Fünfecke) und Elfecke ableiten, die sich beliebig über Stonehenge und andere Steinkreise stülpen lassen. Ich möchte am Rande daran erinnern, daß sich aus dem Pentagramm auch ein fünfzackiger Stern machen läßt, wie wir beim Beispiel ›Karlsruhe‹ gesehen haben. Bezogen auf Stonehenge fanden die beiden sowjetischen Wissenschaftler verblüffende Dinge heraus. Zum Beispiel die Daten über die nördliche Breite von Stonehenge, die Zahl des Erddurchmessers, diejenige des Polarradius, die mittlere Entfernung der Strecke Erde–Mond, den mittleren Radius der Mondbahn sowie die Größe und die Distanz der fünf erdnahen Planeten. Das sind Merkur, Venus, Mars, Jupiter und Saturn. Dr. Avinsky meinte in seinem Vortrag, irgendwelche ›Urväter‹ hätten uns eine Abituraufgabe hinterlassen. Ich zitiere ihn wörtlich: [19]

Das Verständnis für die Bestimmung von Stonehenge ist ohne die Akzeptanz von kosmischen Kontakten zu unseren Urvätern kaum möglich.

Damit sind die Außerirdischen wieder im Spiel, und ich sträube mich schon gar nicht mehr, ›ETs‹ in mein Denken miteinzubeziehen. Nur frage ich mich immer wieder, *weshalb* sie all dies getan haben. Ich vertehe nicht, warum Außerirdische hier auf der guten, alten Erde tätig geworden sein sollen, und ich begreife noch weniger, warum sie sich die Hände schmutzig gemacht und riesige Steine herumgeschoben haben sollen.«

»Wenn schon Außerirdische, was ich immer noch stark bezweifle«, erwiderte der Onkel mit den Pfiffen, »dann haben die sich die Hände ganz bestimmt nicht schmutzig gemacht und auch keine Lasten herumgeschoben. Dazu waren die Menschen da!«

»Du meinst, die ›ETs‹ hätten höchstens die Anweisungen gegeben und die Dreck- und Schwerarbeit den Menschen aufgebürdet?« wollte Sven wissen. »Das war aber nicht gerade anständig von denen. Dann hätten die also unsere Urahnen regelrecht als Arbeitstiere mißbraucht. Schauderhaft! Zudem sehe ich keinen Sinn dahinter!«

Es war ruhig am Tisch. Andy kam mit einer neuen Büchse Kekse aus der Küche. Vater Wehner stand auf, meinte, er könne ein Glas Wein vertragen. Er schenkte sich und seinem Bruder ein, erkundigte sich bei den Jungen, was sie trinken möchten, und brachte Mineralwasser. Irgendwie schien die Runde wie gelähmt, es wollte nicht weitergehen. Jeder hing seinen Gedanken nach. Zuviel war in letzter Zeit auf sie zugekommen. Die Geschichte mit Cornelias Karten, der Stern über Karlsruhe, die Linie mit den dänischen Wikingerburgen nach Griechenland, der »Lichtgott« Apollo, die »Sternenstraße« nach Santiago de Compostela, das Pulsieren der Rollright-Steine und jetzt auch noch die unbeantwortbaren Fragen bezüglich Stonehenge. War ganz Europa ein Tollhaus? Gab es eigentlich nur Rätsel aus der Steinzeit? Oder war den Fachleuten irgend etwas Entscheidendes entgangen? Etwas verlegen blätterte Ralf in seinen Papieren.

»Ach ja, da sind noch die Briefe von Catherine aus England, die ich mühsam übersetzt habe. Sie beantworten unsere Fragen auch nicht, doch gibt es immerhin einige Ergänzungen dazu. Soll ich vorlesen?«

»Wir sollten jetzt alle zuerst mal nach draußen gehen und einige Runden laufen. Das bringt unsere Muskeln in Bewegung und kann auch der Durchblutung des Gehirnes nur guttun. Auf, Freunde! Nehmt eure Windjacken!« Die Jugendlichen machten mit, und selbst Onkel Alfons schloß sich an. In schnellen Schritten marschierten die fünf eine halbe Stunde kreuz und quer durch die Gassen von Detmold, bis sie keuchend wieder vor dem eigenen Wohnblock standen.

»Hat wirklich – *hhujj, hhujj* – gut getan«, stieß Onkel Alfons hervor. »Mein Gehirn ist wieder ordentlich durchgepustet. Jetzt sage uns, Ralf, was in diesen Briefen von Catherine steht.«

»Dear Ralf«, begann dieser zu lesen und fuhr in deutsch fort:

»Es war wunderbar, Dich wieder einmal am Telefon zu hören. Du bist schreibfaul und könntest auch schreiben, wenn Du mal nichts Besonderes von mir willst. Deine Fragen waren interessant, und ich habe sie noch am selben Abend mit meinem Bruder Kirk besprochen. Du weißt doch, er ist Journalist von Beruf und kennt eine Menge Leute. Kirk hat sich umgehört und derartig viel zusammengetragen, daß ich es nicht in Briefen schreiben kann. Dies ist ein Grund, weshalb Du herkommen mußt. Es wird Dir doch gelingen, Deinen Vater und Deine Brüder zu überreden! England ist herrlich – nur nicht gerade im Winter. Damit es dich reizt, sollst Du einige Häppchen bekommen.

Im Juni 1921 studierte ein gewisser Mister Alfred Watkins ein Bündel Landkarten. Mister Watkins war Fotograf und wollte einige Steinkreise fotografieren. Er suchte nach den kürzesten Wegen zu seinen Zielorten. Beim Kartenlesen markierte er seine Zielpunkte mit einem roten Kreis und stellte zu seiner Verblüffung fest, daß sie alle auf einer geraden Linie lagen. Er konnte sie zu Pferd mit einem Kompaß abreiten, was er dann auch tat. Getrennt durch Hügel, Felder und Flüßchen lagen die vorgeschichtlichen Kultorte wie Glieder auf einer geraden Kette, als ob vor Jahrtausenden jemand imaginäre Schnüre gezogen hätte.

Kurioserweise verlief die Linie auch durch diverse christliche Kirchen und Kapellen. Watkins begriff schnell: Die christlichen Zeugnisse standen auf heidnischem Boden. Irgendwann während der Christianisierung Britanniens hatten eifrige Mönche den Heidenkult zerschlagen. Und weil die Menschen am heiligen Platz der Vorväter kleben blieben und nicht von ihm ablassen wollten, ersetzte man ihn durch das Zeichen des Kreuzes. Auf diese Weise entstanden an den alten Zeremonialplätzen Kirchen, Kapellen und Kathedralen.

Mister Alfred Watkins war reichlich verwirrt über seine Zufallsentdeckung. Er nannte die Linien ›Ley-Lines‹ und gründete, was in England üblich ist, auch gleich einen Klub zum Studium dieser Linien. Anfänglich glaubte Mr. Watkins, seine ›Ley-Lines‹ müßten vorgeschichtliche Wege sein, die von den frühen Inselbewohnern mittels Pflöcken und Visierlinien angelegt worden waren. Doch diesen Gedanken konnte er rasch vergessen, denn die Linien zogen Steilhänge hinauf, überquerten Bergkuppen und sumpfiges Gebiet... In einer Bibliothek gelang Mister Watkins ein Zufallsfund. Unter verstaubten Schriften entdeckte er ein Büchlein eines gewissen Mister Henry Black, der 1872 verstorben war. Dieser Henry Black war Historiker und Archäologe, und auch er war auf das seltsame Liniennetz gestoßen. In dem Buch von Henry Black steht unter anderem: [20]

›Die Monumente, die wir kennen, markieren große, geometrische Linien, die das gesamte Westeuropa bis über die britischen Inseln und Irland, die Hebriden, die Shetland- und Orkney-Inseln bis hin zum Polarkreis durchziehen... Es gibt sie auch in Indien, in China und in allen Ländern des Ostens, wo sie dem gleichen Muster folgen.‹

Mein Bruder Kirk hat nicht herausfinden können, woher dieser Mister Black seine Kenntnisse hatte. Doch zurück zu Herrn Alfred Watkins und seinem Klub. Die eifrigen Klubmitglieder erfaßte ein regelrechtes Fieber. Linien in alle Richtungen wurden aufgedeckt. Oft lagen sie parallel, dann kreuzten sie sich im rechten Winkel, und mehrere Linien durchschnitten alte Steinkreise wie beispielweise Stonehenge. Im Jahre 1925 veröffentlichte Mister Alfred Watkins ein Buch – Du solltest es lesen, wenn Du genügend Englisch kannst –, in dem er geographisch sehr exakt ganze Serien von Ley-Lines zur Diskussion stellte. [21] Die ›long-distance-lines‹ liefen nicht nur über Steinkreise, Menhire, künstlich aufgeschüttete vorgeschichtliche Hügel und christliche Kirchen, sondern auch über Burgruinen, uralte Grenzmarkierungen und Straßenkreuzungen aus vorrömischer Zeit. Zudem gelang Mister Watkins mit Hunderten von Beispielen der Nachweis, daß auch die Namen der Ortschaften, Hügel und Berge, die von einer Linie berührt wurden, dieselben Wortstämme aufwiesen. Ist das nicht alles sehr aufregend, lieber Ralf?
Strengt mal Eure Gehirne ein bißchen an und findet heraus, weshalb die Welt mit uralten Linien überzogen ist. Ich habe noch mehr Informationen für Dich, doch die schreibe ich im nächsten Brief.

So long! – Deine Catherine.«

Ralf blickte auf. »Ich sagte es doch, das alte Europa war ein Tollhaus. Irgendwer muß unsere Vorfahren angewiesen haben, ihre Siedlungen und heiligen Plätze in geraden Linien anzulegen. Wer – bei allen Planeten – kommt für so etwas in Frage?«

Sven schmunzelte. »Habt ihr auch gemerkt, daß wir dem Geheimnis um Cornelias Karten um ein schönes Stück näher gekommen sind? Wir hatten uns doch gefragt, woher der Unbekannte, der die Linien auf Cornelias Karten eintrug, seine Informationen gehabt habe. Jetzt wissen wir es. In Catherines Brief stand doch, dieser Mister Black habe bereits im Jahre 1872 darüber Bescheid gewußt. Was hat sie denn noch geschrieben, deine Catherine?«

»Sie ist nicht ›meine‹ Catherine, du Tollpatsch«, schimpfte Ralf mit rotem Kopf, »und wenn du sie willst, kannst du sie haben. Ich behalte mir Cornelia in der Schweiz vor!«

»Wissen wir doch alle, und war auch nicht böse gemeint, Bruderherz! Könnten wir jetzt trotzdem wissen, was ›unsere‹ Catherine noch geschrieben hat?«

»Hier, im nächsten Brief, greift sie den Faden nochmals auf:

Dear Ralf,

Ich habe mir doch gleich gedacht, daß meine Mitteilung über die Linien Deine ganze Familie verzaubert. Du wolltest wissen, ob es denn diesen Klub von Mister Watkins immer noch gibt. Nein, er existiert nicht mehr.

Nach Watkins Tod im Jahre 1935 veröffentlichten einige Klubmitglieder diverse Arbeiten, doch dann brach der Zweite Weltkrieg aus, das Interesse an den Ley-Lines sackte ab, die Mitglieder verstarben, und die aufregenden Entdeckungen verschwanden in Schubladen und Truhen von Witwen, die nichts damit anzufangen wußten. Auch mußt Du wissen, daß die Linien viel kritisiert wurden, weil man schließlich immer irgendwelche Linien über eine Karte ziehen kann, die dann auch prompt einige Kultorte durchschneiden.

Mein Bruder Kirk sagte, in neuerer Zeit wachse das Interesse an den alten Linien wieder. Ein Mathematiker der Universität Cambridge, das ist eine sehr berühmte Uni bei uns, habe eine algebraische Formel erstellt, nach welcher sich die Wahrscheinlichkeit von

Linien herauslesen lasse. Man könne damit exakt errechnen, wie viele Punkte zufälligerweise auf einer Linie liegen und damit wertlos seien, und welche Punkte echt blieben.

Und ein Kollege meines Bruders, der auf Archäologie spezialisierte Journalist Paul Devereux, hat sich kürzlich mit dem Mathematiker Robert Forrest zusammengetan, um die Echtheit der Ley-Lines zu untersuchen. Die beiden haben darüber sogar in einer wissenschaftlichen Zeitschrift publiziert. [22] In dem Artikel sind viele unsinnige Ley-Lines entlarvt, und viele echte Ley-Lines bestätigt worden. Mein Bruder Kirk sagt, die Ley-Lines seien eine unumstößliche Tatsache, auch wenn wir uns noch so sehr die Haare raufen und ausrufen: Wie ist das möglich?

Ich weiß auch nicht, wie das möglich ist, lieber Ralf. Wißt Ihr dort drüben auf dem Kontinent es? Bitte schreib bald wieder, auch wenn ich nicht immer derart lange Briefe zurückschicken kann.

So long, and I hope to see you! – Deine Catherine.«

»Was hieß das letzte?« fragte Andy aufgeregt.

»Auf bald, und ich hoffe dich wiederzusehen«, übersetzte Vater Wehner. »Ganz offensichtlich werden wir uns damit abfinden müssen, daß es im Europa der Steinzeit jemanden gegeben haben muß, der den Menschen befahl, ihre Siedlungen oder Tempelplätze an vorgeschriebenen Stellen zu errichten...«

»...oder die ominösen Außerirdischen hatten überall auf geraden Routen ihre Rastplätze und Tankstellen. Für Wesen, die mit irgendwelchen Apparaten herumflogen, wäre das nicht unmöglich«, fügte Onkel Alfons hinzu – ohne zu pfeifen.

Sven winkte ab. »Das will mir nun wirklich nicht in den Kopf! Dann müßte es in Europa von derartigen Rastplätzen und Tankstellen geradezu gewimmelt haben. Ganz Europa ein vorgeschichtliches Tankstellennetz!«

Die Runde lachte. Bloß der Jüngste, Andy, blieb ernst. »Was plagt dich denn?« erkundigte sich der Vater teilnahmsvoll.

»Die Rastplätze und Tankstellen könnten die Sterne über der Landschaft nicht erklären«, entgegnete der Jüngste so, als ob er die ganze Debatte längst begriffen habe. »Ich habe nämlich auch einen

Stern über der Landschaft herausgefunden und zusätzliche Linien, die knapp fünfzehn Kilometer von unserem Haus entfernt vorbeilaufen.«

»Ich glaube, unser Kleiner macht Witze«, frotzelte Sven.

»Ich bin nicht euer ›Kleiner‹, und an Witze denke ich schon gar nicht! Du superkluger Heini!«

Andy hatte es nicht leicht im Kreise seiner älteren Brüder. Sicher gehörte er zur Freundesrunde der Familie, und ebenso sicher vermieden die Brüder seit dem Tod der Mutter jeden Streit. Dennoch blieb Andy ›der Kleine‹, der Jüngste, der eben hinterherhinkte. Das bekam er immer wieder zu spüren, obwohl es den älteren Brüdern augenblicklich leid tat, wenn sich Andy schmollend verzog. Anstelle von ernsteren Büchern las er liebend gern Comics, und beim Fernsehen verlangte er bei jeder Gelegenheit Zeichentrickfilme zu sehen. Andy hatte die gleichen breiten Vorderzähne wie Sven und Ralf, und er pflegte sie genauso. Auch guckte er sich manches Benehmen von den größeren Brüdern ab. Nur seine Körperstatur paßte nicht in die Familie Wehner. Sven und Ralf schossen in die Höhe, waren schlank, Andy hingegen geriet immer molliger. Deshalb konnte er auch weder eine Hose noch ein Hemd seiner Brüder anziehen. Nichts paßte. Manchmal lästerte er, das sei ihm gerade recht, er wolle nicht in den alten Klamotten seiner Vorfahren herumlaufen! Für seine Körpergröße von 1,48 Metern war Andy viel zu schwer. Er wog satte 66 Kilo. Doch obwohl er vom Alter, vom Wissen und von der Statur hinterherhinkte, blieb Andy die Frohnatur des Brüdertrios. Er lachte und kicherte laut, oft und lang und konnte sich an kleinen Späßen erfreuen, die den Älteren abgingen. Bis die Geschichte mit Cornelias Karten begann, hatte sich Andy nie besonders für Altertümer interessiert. Das überließ er Sven. Andy fuhr lieber mit dem Skateboard durch die Gassen, und auf dem Skateboard war er Spitze. Die Passanten blieben oft stehen, wenn der kleine, dickliche Junge über die Gehsteige und durch die Fußgängerzone sauste, abrupte Stopps riß, sich blitzschnell drehte und im Zickzack wie ein Surfer über kleine Hindernisse hüpfte. Ach ja, und im Schwimmen und Tauchen war Andy ebenfalls Spitze. Unter Wasser hielt er es länger aus als seine Schulkameraden, und mit den Schwimmflossen und der Taucherbrille ging er um wie ein Profi. Doch jetzt war Winter, keine Zeit für Skateboard oder die Taucherflossen. Anfänglich hatte Andy den älteren Brüdern eher gelangweilt zugehört, wenn die von Cornelias seltsamen Karten sprachen. Dann aber packte ihn das Jagdfieber genauso, und er wollte seinen Teil zur Lösung des Rätsels beitragen.

Inzwischen hatte er einen Notizblock, zwei Karten und einige Prospekte vor sich aufgebaut.

»Ich weiß einiges mehr über die Externsteine als das, was man uns allen mal in der Schule erzählte. Ähnlich wie Stonehenge waren die Externsteine einst ein astronomisches Zentrum mit Visierlinien in mehrere Richtungen. Die längste derartige Linie ist gute 24 Kilometer lang...«

»Das ist doch gar nicht möglich«, unterbrach Ralf, »denn die Externsteine liegen in hügeligem und stark bewaldetem Gebiet. Zudem ist es doch hinreichend bewiesen, daß die Externsteine ein christliches Heiligtum waren und gar nichts mit vorgeschichtlicher Astronomie zu tun haben.«

»Diesmal liegst du falsch, großer Bruder«, entgegnete Andy und kicherte vor sich hin. »Ich habe hier ein Taschenbuch, an dem gleich mehrere Autoren mitarbeiteten, darunter ein Herr Michael Hesemann. Das muß ein kluger Kopf sein. In seinem Beitrag [23] über die Externsteine sagt er unter anderem – ich zitiere:

Wie aus alten Überlieferungen hervorgeht, waren die Externsteine das Zentralheiligtum der germanischen Stämme. Der Teutoburger Wald, der seinen Namen erst im 18. Jahrhundert erhielt, trug zuvor den Namen ›Osninghain‹, der ›Hain der Götter oder Asen‹.

Genau wie die Wikingerburgen in Dänemark waren die Externsteine vor unserer Haustüre bereits in vorchristlicher Zeit ein Heiligtum.«

Ralf unterbrach: »Das widerspricht vollständig dem, was unser Geschichtslehrer uns beibrachte. Und unser Geschichtslehrer ist mindestens so gut wie dein... wie hieß er?«

»Hesemann, Michael Hesemann«, ergänzte Andy gelassen. »Dein Geschichtslehrer, großer Bruder, ist nicht auf dem laufenden. Ich kann es dir beweisen.« Andy faltete eine angesehene Zeitung auf, die in ihrer Beilage zu Nordrhein-Westfalen einen aktuellen Beitrag über die Externsteine gedruckt hatte. [24]

»Hier steht es! Im Auftrag der Ruhr-Universität von Bochum machte Prof. Dr. Wolfhard Schlosser von der Fakultät für Physik und Astronomie gemeinsam mit dem Max-Planck-Institut in Heidelberg neue Altersbestimmungen an den Externsteinen. Insbesondere wurden rötlich verfärbte Stellen in den Kammern der Externsteine unter die Lupe genommen. Das Resultat ist eindeutig. Die Rotverfärbungen stammen von einer großen Hitze – mindestens 350 bis 500 Grad –, die vor 4500 Jahren künstlich erzeugt wurde. Damit liegen die Externsteine gerade noch 300 Jährchen hinter der ältesten Bauetappe von Stonehenge.«

»Nicht schlecht, Kleiner«, stellte Ralf fest. »Ich gebe mich geschlagen!«

Andy lachte sein unbekümmertes Bubenlachen. Dann, wieder ernst, fuhr er fort:

»Im höchsten der Externsteine, ganz oben, liegt eine sogenannte Felsenkapelle, die ›Sacellum‹ genannt wird. Dort ist ein Ausguck in den Fels geschlagen, von dem aus man am Tag der Sommersonnenwende – am 21. Juni – die Sonne exakt über einem Turm, der zu einer Mühle von Bad Meinberg gehört, aufgehen sieht. Diese Mühle wurde zwar erst im 18. Jahrhundert errichtet, doch stand früher an genau derselben Stelle eine steinzeitliche Markierung, vergleichbar dem *Heelstone* von Stonehenge. Um die Externsteine herum lagen vorgeschichtliche Bauten, die zum Teil heute noch ihre ursprünglichen Namen tragen. Beispielsweise der ›Sternenhof‹ oder der ›Siebenstern‹. Mehrere astronomisch ausgerichtete Linien laufen über die Externsteine. Eine davon beginnt im Nordwesten bei der Grotenburg, wo heute das Hermannsdenkmal steht, läuft über den Hangstein zu einem überwucherten Steinkreis auf dem Bärenstein, dann über die Externsteine zu einem in nächster Nähe liegenden Schalenstein und schließlich zu einem knapp einen Kilometer entfernten Opferstein. Dabei durchschneidet die Linie nicht nur das zweite Gucklock des ›Sacellum‹, sondern visiert auch den Sonnenaufgang am Tag der Wintersonnenwende, dem 21. Dezember, an. Ja, und damit ich es nicht vergesse: Die ›Externsteine‹ werden in einer urkundlichen

Erwähnung aus dem Jahr 1366 noch ›Egge-Sternen‹ genannt und sind damit schon im alten Wortstamm als Sternenheiligtum entlarvt.«

Andy lachte wieder, der Vater und Onkel Alfons klopften ihm anerkennend auf die Schultern, und selbst der Schnelldenker Sven lobte: »Unser Benjamin macht sich! Wir haben also ein altes Sternenheiligtum vor der Haustür, und kein Lehrer sagt einem etwas davon. Wenigstens scheinen unsere Externsteine nicht im Plan der internationalen Linien zu liegen.«

»Irrtum!« entgegnete Andy. »Schau doch auf Cornelias Karten! Von den Externsteinen aus laufen gleich mehrere Linien über Tausende von Kilometern in ferne Länder. Hier drei Beispiele: eine nordwestliche Linie beginnt bei den Externsteinen und zieht sich linealgenau über den Dom von Aachen, über Paris, die Kathedrale von Chartres in Frankreich und einen Hafen der alten Gallier an der Nordspitze von Portugal. Eine direkte Fallinie in Richtung Nord-Süd läuft von den Externsteinen über den Marsberg nach Marburg, dann über den Berg Hohentwiel bei Singen, wobei auf diesem Hohentwiel eine alte Ritterburg steht, dann pfeilgenau über Genua in Italien und Cagliari auf der Insel Sardinien. Und schließlich...« Andy kicherte verschmitzt, »eine nordöstliche Linie zieht sich von den Externsteinen über Kassel, die Walhalla, Zagreb in Jugoslawien und endet punktgenau an einem Ort, den wir alle schon kennen. Ratet mal!«

»Was soll das?« schimpften Sven und Ralf gleichzeitig. »Wir sind doch nicht in einem Ratespiel. Mach schon«, drängten die Brüder ungeduldig, »wohin führt die Linie?«

»Exakt dorthin, wo auch die Linie von den dänischen Wikingerburgen endet: in Delphi in Griechenland!«

»*Hhujjj!*« pfiff Onkel Alfons. »Das wird ja immer unheimlicher.« Und der quirlige Sven fuhr dazwischen:

»Du sagtest eben, die Linie führe über Kassel und die Walhalla nach Zagreb und Delphi. Was soll denn das, die ›Walhalla‹?«

Besänftigend griff Vater Wehner in die ungestüme Diskussion ein: »Nordöstlich des Dorfes Donaustauf, das liegt nicht weit von Regensburg, steht die Walhalla. Das ist ein Ruhmestempel zu Ehren großer Deutscher. Erbaut wurde die Walhalla vom Bayernkönig

Ludwig I., doch der Sage nach war die ursprüngliche Walhalla die Totenhalle des nordischen Gottes Odin. Ich muß gestehen, das ist alles sehr, sehr eigenartig. Wir wissen ja, daß in Delphi der Göttersohn Apollo residierte, der jährlich in ein fernes ›Land hinter den Nordwinden‹ flog und vermutlich der Begründer der schnurgeraden Linie war, die von Delphi hinauf bis über die heutigen Wikingerburgen lief. Und jetzt haben wir eine andere Linie, ebenfalls von Delphi, die auf die Externsteine zielt. Und diese Linie führt nun ausgerechnet über die Walhalla, über das mythische Grab des alten nordischen Gottes Odin.«

»Unheimlich«, bemerkte Ralf. »Mir schwirrt der Kopf vor lauter Linien. Warum nur erfährt man nie etwas darüber in der Schule? Das wäre doch Stoff für den Geographie- oder Geschichtsunterricht.«

»Die Schule vermittelt Antworten – nicht Rätsel«, sagte Vater Wehner und lächelte milde. »Eure Lehrer wissen nichts von diesem Liniennetz. Woher auch? Wir sind ja selbst erst jetzt damit in Berührung gekommen. Aber aufregend ist das Ganze auf jeden Fall! Linien, die über steinzeitliche Heiligtümer führen! Unmöglich! Fünfsterne über der Landschaft! Phänomenal!

Da fällt mir ein, du hast doch noch einen anderen Stern aufgespürt. Wo?«

Andächtig faltete Andy eine neue Karte auseinander.

»Hier, mitten in Österreich. Dort liegt, nordöstlich der Stadt Klagenfurt, das Örtchen Maria Saal und anderthalb Kilometer nördlich davon der sogenannte ›Herzogstuhl‹. Dieser ›Herzogstuhl‹ ist ein altes, kultisches Denkmal, und er markiert gleichzeitig den Mittelpunkt eines Pentagramms. Kompaßgenau in nördlicher Richtung, dreizehn Kilometer entfernt, liegt an einem Berghang die Burgruine von Hochkraig. Hier, schaut es euch auf der Karte an, die Burgruine bildet den nördlichsten Punkt des Fünfsterns. Jetzt ziehen wir eine erste Linie in südöstlicher Richtung zum Berg mit dem komischen Namen ›Schrottkogel‹, dann quer über die Stadt Klagenfurt zur Spitze des ›Lippe-Kegels‹, dann 23,5 Kilometer nach Osten zum ›Krobathenberg‹ und nach Südwesten zur Kirche St. Ursula bei Truttendorf. Von hier aus wieder nördlich zum ersten Ausgangspunkt nach Hochkraig – und fertig ist das Pentagramm.«

Andy lachte. Er lachte bei jeder Gelegenheit. Diesmal war es ein eher triumphierendes Lachen, mit dem er die Tischrunde bedachte.

Sven, wie immer der schnellste Skeptiker, glotzte verdattert auf die Karte und protestierte: »Das sind ja alles Berge, die du aufgezählt hast. Die Menschen haben schließlich keine Berge verschoben, damit sie in ein Pentagramm passen!«

»Es geht nicht um die Berge, die standen seit Ewigkeiten in der Landschaft.« Andy grinste. »Es geht um die exakten Distanzen. Denn an jedem Eckpunkt des Fünfsterns befinden sich vorgeschichtliche Kultorte. Überall liegen bearbeitete Mauern und Monolithen aus der Steinzeit. Und, wie gesagt, exakt im Mittelpunkt liegt der Herzogstuhl, von dort aus sind alle Distanzen zu jedem Punkt gleich groß. Zudem hat mich die alte Dame im Reisebüro, in dem ich war, noch auf etwas ganz Besonderes aufmerksam gemacht. Die wußte zwar nichts von unserer Jagd auf die Linien, aber sie glaubte, wir wollten in jener Gegend Urlaub verbringen. Deshalb gab sie mir einige Prospekte der Umgebung. Da sind sie. Merkt ihr etwas?«

Die älteren Brüder und die beiden Männer blätterten in den farbigen Prospekten. Andy unterdrückte sein Lachen und hielt sich ständig eine Hand vor den Mund. Nach einigen Minuten schauten alle ratlos zum Jüngsten. Was sollte hier besonders auffallen?

»Man hat es schwer mit euch Blinden!« lästerte der Kleine großspurig. »Hier, bei Truttendorf, liegt die Burgruine der Herren von Truindorf. Schaut mal her, was diese alten Herrschaften für ein Bild in ihrem Wappen trugen – ein Pentagramm!«

»Ich glaub', ich schnapp' über!« sagte Ralf kopfschüttelnd, und Onkel Alfons wollte nicht mehr aufhören zu pfeifen. »Entsinnt ihr euch an den Stern über Karlsruhe? Der führte doch über die Ortschaft Knielingen, und im Wappen von Knielingen war ebenfalls ein Pentagramm. *Hhuujjj!* Die alten Rittersleute müssen das Wappen von irgendwelchen Vorgängern übernommen haben. Vermutlich wußten sie nicht mal, daß ihre Burg Bestandteil eines großen Pentagramms war.« Wieder folgte das unvermeidliche Pfeifen, während er ungläubig auf das Wappen der Burgruine starrte.

»Kinder – äh, Freunde«, Vater Wehner blickte bedächtig in die Runde, »ich habe einen Entschluß gefaßt. Ihr habt mich mit euren Linien und Sternen und überhaupt mit dem ganzen steinzeitlichen Hokuspokus derart verrückt gemacht, daß ich mir einiges ansehen will...«

»Was heißt da *ich*?« brüllte die Jungenbande los. »*Wir* wollen uns einiges ansehen! *Wir* sind doch eine Familie!«

»Nicht nur das«, setzte Sven salbungsvoll hinzu, »wir sind Freunde. Und wir hatten beschlossen, alles gemeinsam zu tun. Dabei wollen wir es doch belassen, lieber Papi!«

Vater Wehner blickte zu Alfons hinüber, stieß ihn mit dem Ellbogen an. »Und du? Hast du Lust?«

»Was für eine Frage! Der liebe Gott schenkt uns zwar die Nüsse, aber er knackt sie nicht! Ich will gerne mithelfen, Geheimnisse zu lüften, nur kann ich mir beruflich jetzt keinen Urlaub leisten. Ruft mich an, wenn ihr meinen Sachverstand braucht. *Hhuujjj!*«

Sie liebt mich – sie liebt mich nicht...

Am Freitag, dem 24. Mai, ging's los. Eigentlich hätte Vater Wehner mit seinen Söhnen schon eine Woche früher aufbrechen können, doch da war Pfingsten gewesen und alle Straßen mit Urlaubern überfüllt. So entschloß sich die Runde, eine Woche nach den Pfingsttagen wegzufahren. Mit allerlei Tricks war es ihm gelungen, seine Jungen für zweieinhalb Wochen von der Schule freizukriegen. Auch hatte er mit Hausi, Cornelias Vater, telefoniert, und auch Hausi hatte es geschafft, Cornelia vom Unterricht freizubekommen. »Kein Problem«, hatte er am Telefon wissen lassen, »Cornelia kommt gut mit in der Schule, und mit der Schulleitung kann ich reden.«

Der alte Opel Senator, den Vater Wehner fuhr, war vollgepfropft bis unters Wagendach. Vorne saß er selbst mit dem rundlichen Andy, hinten hockten Sven und Ralf. Zwischen ihnen, auf der Bank, lag das hellbraune Viererzelt, säuberlich zusammengelegt, und im Kofferraum die Zeltstangen, das persönliche Gepäck und allerlei Nützliches wie Stiefel, Windjacken, Taschenlampen, Kerzen, Fotoapparate und natürlich Andys Taucherausrüstung. Das Surfbrett hatte er zu Hause lassen müssen, doch ohne Taucherbrille, Taucherflossen und Schnorchel wollte er nicht ans Meer. Und genau dies war das Ziel. Zuerst für anderthalb Tage nach Spiez und dann alle gemeinsam an die französische Atlantikküste, in die Bretagne. Dort nämlich wimmelte es von vorgeschichtlichen Steinsetzungen, über die mehrere der geheimnisvollen Linien liefen.

Die Fahrt von Detmold bis Basel auf der Autobahn Kassel–Würzburg–Stuttgart–Karlsruhe verlief eintönig. In Rastatt bei Karlsruhe übernachtete die Familie Wehner in einem kleinen, blitzsauberen Hotel. Vater Wehner wollte mit seinen Kindern nicht übermüdet in Spiez eintreffen. Zudem reizte es die Jungen, in Rastatt die Kirche von St. Wendelin zu besuchen. Sie bildete einen der Eckpunkte des Fünfsterns, der über Karlsruhe lag. Leider war es schon dunkel, als die Wehners eintrafen. Die Kirche war geschlossen, und an den Außenmauern gab es keinerlei geheimnisvolle Zeichen oder gar ein Pentagramm.

Beim Frühstück wurde nur von der Schweiz und der französischen Bretagne gesprochen. Die Jungen witterten ein Abenteuer – es sollte eines werden! Nur Ralf beteiligte sich nicht am Gerede seiner Brüder. Er dachte unentwegt an Cornelia, die er in einigen Stunden – endlich – wiedersehen würde. In vier Monaten wurde sie siebzehn, ob sie sich verändert hatte? Beim Besuch im letzten Sommer war sie noch nicht ganz sechzehn gewesen. Ralf und Cornelia hatten sich die ganzen Monate vom August letzten Jahres bis vor wenigen Tagen Briefe geschrieben. Dennoch, das persönliche Wiedersehen konnte ganz anders sein als ein Brief. Sie hatte ihm nie geschrieben, ob da ein anderer Freund in Spiez sei – Ralf hatte auch nie danach gefragt. Jetzt wurmte es ihn, er hätte mal nachfragen sollen.

Am Schweizer Zoll an der Autobahn von Basel mußte Vater Wehner 30,– Schweizer Franken für eine »Vignette« bezahlen, das war so ein orange-weißer Aufkleber für die vordere Scheibe. »Das finde ich aber ungerecht«, motzte Sven. »Wieso müssen wir Deutsche in der Schweiz eine Autobahngebühr bezahlen, die Schweizer aber nicht in Deutschland?«

»Im Grunde genommen hast du recht«, antwortete Vater Wehner. »Doch die Schweiz ist ein souveräner Staat und nicht in der EG. Die können machen, was sie wollen. Ich finde es schlimmer, daß wir sogar in EG-Staaten wie Frankreich und Italien Autobahngebühr bezahlen müssen. Ihr werdet es erleben, in Frankreich sind die Gebühren ganz schön happig. Da wird man jedesmal von neuem zur Kasse gebeten, wenn man auf der Autobahn fährt. In der Schweiz gilt die Gebühr wenigstens gleich für ein ganzes Jahr und für alle Autobahnen.«

»*Müssen* wir denn auf die Autobahn?« wollte Andy wissen.

»Nicht unbedingt. Nur dauert die Fahrt auf den Nebenstraßen länger, und für die Anwohner ist es auch nicht gerade angenehm, Autokolonnen durch die Dörfer schleichen zu sehen.«

Bald hinter Basel stieg die Autobahn in einer kurvenreichen Strecke und durch viele Tunnels die Jurahöhen hinauf bis zum Belchentunnel auf rund 800 Meter Höhe. Auf der anderen Seite ein herrlicher Ausblick! Das Wetter war föhnig, und so sah man das Panorama der Berner Alpen in seiner ganzen Breite. Die höchsten Gipfel reichten 4000 Meter hinauf, doch auch die niedrigeren Höhenzüge waren immer noch schneebedeckt. Der Winter hatte das Alpenland dieses Jahr besonders lange im Griff behalten.

»Wie lange noch bis Spiez?« erkundigte sich Ralf ungeduldig.

»Eine gute Stunde. Dort, zu den Füßen der Berge, muß der Thuner See mit Spiez liegen und gleich dahinter die kleine Stadt Interlaken.«

»Da waren wir letztes Jahr mit Cornelia in der Disko!«

»Richtig«, bestätigte Vater Wehner. »Deine Gedanken sind wohl nur bei Cornelia.«

»Nicht *nur*«, antwortete Ralf gutgelaunt. »Ihr wißt ja, ich habe so ein komisches Gehirn und kann gleichzeitig an mehrere Dinge denken. Die Bilder flammen auf und verschwinden, überlappen sich und tauchen erneut auf. Ich denke nicht *nur* an Cornelia, sondern auch an die ›Herren der Ringe‹ und die ›Herren der Sterne‹, ich denke an das verwirrende Liniennetz über dem alten Europa, und gleichzeitig bin ich gespannt, was uns in Frankreich erwartet.«

Zügig fuhr Vater Wehner an Bern, der Hauptstadt der Schweiz, vorbei. Die Hinweistafeln zeigten schon THUN und INTERLAKEN. Dazwischen lag der Zielort Spiez.

»Irgendwie sind diese Schweizer schon eigenwillige Leute.« Sven sagte es mit einem Seufzer. »Bei uns in Deutschland, und soviel ich weiß auch anderswo, sind die Autobahntafeln blau – bloß in der Schweiz sind sie grün.«

»Vielleicht sind die Schweizer grüner als wir«, spöttelte Andy vielsagend.

Hinter Bern wurde die Landschaft hügeliger, und obwohl es Ende

Mai entgegenging, blühten immer noch vereinzelte Obstbäume. Es gab kaum mehr gerade Autobahnstrecken, die Straße schlängelte sich in breiten Bögen durch sattgrüne Wiesen. Mit jedem Kilometer rückten die schneebedeckten Berge näher. Erst waren es Felshörner, die vorne rechts entgegenblinkten, als ob das graue Gestein mit Puderzucker bestäubt sei, dann erkannte man links die schroffen Felsabhänge des Niederhorns, und schließlich tauchte die gleichmäßig geformte Spitze des Niesen, des Hausberges von Spiez, auf. Geradeaus im Hintergrund blendete die 2076 Meter hohe Schynige Platte, und rechts davon lauerte das weltberühmte Dreigestirn von Eiger, Mönch und Jungfrau. Dort, in über 4000 Meter Höhe, herrschte ewiges Eis. Die höchste Bergbahn Europas führt auf das 3454 Meter hohe Jungfraujoch, und die Eigernordwand war schon Schauplatz schrecklicher Bergtragödien gewesen. Viele Bergsteiger aus den verschiedensten Ländern der Erde hatten hier trainiert, bevor sie sich ins Himalaya-Gebirge wagten, und mancher Bergsteiger hatte an der berüchtigten Eigernordwand sein Leben verloren.

»Abfahrt Spiez!« schrie Andy, weil der Vater, offenbar fasziniert von der Landschaft, nicht vom Gas ging. Sie kurvten durch das Städtchen hinunter Richtung Campingplatz, doch Ralf gab keine Ruhe.

»Das Zelt können wir noch lange aufstellen!« maulte er. »Jetzt sagen wir erst mal Cornelias Familie Grüß Gott!«

Vater Wehner erwischte gerade noch die richtige Abzweigung und parkte den Wagen vor »Huggis« Haus. Ralfs Herz pochte bis zum Hals hinauf, er hatte plötzlich schweißnasse Handflächen. Aufgeschreckt durch das Motorengeräusch trat Mama Huggenberger vor die Türe.

»*Was?* Ihr seid schon da?« rief sie und lachte aus vollem Herzen. Dann begrüßte sie Vater Wehner, Sven und Ralf mit Handschlag, den Andy schloß sie in die Arme und küßte ihn. Der kicherte verlegen und rieb sich heimlich mit dem Hemdärmel die Wangen trocken.

»Kommt herein, ihr habt sicher Durst, und ihr müßt sehr lange gefahren...«

Vater Wehner unterbrach den Redeschwall der guten Frau.

»Wir wollten nur Grüß Gott sagen und uns anmelden. Jetzt möchten wir zuerst zum Campingplatz, um das Zelt aufzustellen...«

Frau Huggenberger winkte ab. »Nichts da von Zelt aufstellen. Schließlich fahrt ihr übermorgen in aller Herrgottsfrühe nach Frankreich! Da bleibt keine Zeit, um ein Zelt abzubauen. Ihr schlaft hier! Unter dem Dach sind zwei Pritschen, und in Hausis Arbeitszimmer haben wir zwei Klappbetten aufgestellt. Ihr könnt in euren Schlafsäcken liegen.«

Familie Wehner schwieg. Sie waren dankbar für das Angebot. Schüchtern erkundigte sich Ralf nach Cornelia. Die sei, sagte Mama Huggenberger, noch beim Einkaufen. Heute sei Samstag, und alle Geschäfte würden in einer halben Stunde geschlossen. Oh, es gäbe noch soviel zu besorgen vor der großen Reise.

Man ließ sich im Garten nieder, die Jungen halfen Frau Huggenberger, Gläser und Getränke hinauszutragen. Vater Wehner und Ralf luden die Gepäckstücke aus dem Wagen und trugen sie in ihre Zimmer. Es war schon nach fünf Uhr nachmittags, als der Lieferwagen von Hausi anrollte. Die Begrüßung verlief herzlich und stürmisch. Nervös suchte Ralf nach Cornelia. Sie war nicht dabei.

»Ich weiß, was dich plagt!« Der hagere, großgewachsene Hausi lachte. »Cornelia wird schon kommen. Weißt du, sie quatscht halt manchmal mit ihren Freundinnen. Zudem haben wir euch nicht so früh erwartet. Wir dachten, ihr kommt erst zum Nachtessen.«

Das stimmte und beruhigte den aufgescheuchten Ralf, der Mühe hatte, sich auf ein Gespräch zu konzentrieren. Er brannte innerlich und mußte ständig an Cornelia denken. Weshalb nur kam sie nicht? War ihr etwas zugestoßen? Wie konnte sie mit irgendwelchen Freundinnen plaudern, wenn *er* da war? Hausi machte auf die Berge aufmerksam. Aus der Ferne rückten die in der Abendsonne glühenden Schneefelder wie im Zeitraffer näher, leuchteten rötlich, dann violett und zeigten gleichzeitig schwarze Schattenfelder. Bunte Felsvorsprünge glitzerten am Horizont, und vereinzelt strahlten mächtige Gesteinskuben in poppigen Farben, als wären sie von einem Koloristen frisch angespritzt worden. Der Thuner See hatte eine dunkle Tönung angenommen, und auf der gegenüberliegenden Seeseite flakkerten die Hänge des Niederhorns in einer Mischung von Dunkelgrün und Anthrazit. Hausi, die Bohnenstange mit einem Kopf obendrauf, kam mit einer Straßenkarte von Frankreich.

»Die Distanz bis in die Bretagne beträgt runde 900 bis 1000 Kilometer, je nachdem, welche Route wir wählen. Zudem besteht nicht die ganze Strecke aus Autobahnen. Wir müssen mit mindestens elf Stunden reiner Fahrzeit rechnen. Dazu kommen einige Pausen für Picknick – insgesamt dreizehn Stunden bis zur Atlantikküste in der Bretagne. Ein ganz schönes Stück. Wir können es in einem Tag schaffen, wenn wir uns beim Fahren gegenseitig abwechseln.«

Vater Wehner hob den Kopf.

»Dann müßte ich mein Fahrzeug hier lassen. Ist das in deiner Planung?«

»Aber sicher«, erwiderte Hausi. »Ich habe den Weinlieferwagen, das ist ein VW-Bus, der läuft und läuft, und ich kann Sitzbänke darin befestigen. Da ist Platz für alle mitsamt der Ausrüstung. Er läuft nur nicht so rassig wie dein Senator. Ich habe auch eine Checkliste aufgestellt, das tun wir immer, wenn wir in die Berge steigen. Auf diese Weise wird nichts vergessen.«

»Was ist denn auf dieser Liste?« wollte Sven wissen.

»Hier, schau sie dir an.« Die Jungen steckten die Köpfe zusammen. Einiges war bekannt: Windjacken, Turnschuhe, Taschenlampen, Kameras, Filme, Kompaß, Reiseführer durch die Bretagne, Taschenmesser etc. Aber weshalb hatte Hausi auch noch Dinge aufgeschrieben wie Schnurrollen, Klebebänder, Maßstäbe, Winkelmesser, Lichtreflektoren aus Aluminium, die man wie einen Fächer ausspreizen konnte, zwei Feldstecher und zwei kleine tragbare Funkgeräte? Selbst drei dünne Kunststoffseile gehörten zu Hausis Checkliste.

»Willst du das alles mitnehmen? Was sollen wir mit den Funkgeräten und den Kunststoffseilen?«

»Ist alles schon im VW-Bus verpackt«, entgegnete Hausi. »Ihr wißt doch, daß ich viel in den Bergen bin, und was wir in den Bergen brauchen können, wird sich auch in der Bretagne bewähren.«

»Die farbigen Seile?« Sven dachte an Bergsteigerseile, und in der Bretagne gab es schließlich kein Hochgebirge.

»Ihr wollt doch die geraden Linien und auch die Distanzen von ganzen Menhirkolonnen ausmessen. Das funktioniert vorzüglich mit diesen leichten Kunststoffseilen! Und für die Winkel brauchen wir ein Winkelmaß, um die Winkelgrade abzulesen.«

»Und was machen wir mit dem Reflektor?«

»Einige der geraden Strecken eurer kuriosen Linien laufen über Meeresbuchten. Der Reflektor hier ist bei Sonnenlicht noch kilometerweit zu sehen. Damit können wir einwandfrei kontrollieren, ob die Steinsetzungen tatsächlich exakt auf einer Visierlinie ausgerichtet sind. Und genau hier benötigen wir das Funkgerät. Die Reichweite im flachen Gelände beträgt knapp zwanzig Kilometer. Derjenige, der am Reflektor sitzt, wird uns also über Funk durchgeben können, wo er genau steht.«

»Und wozu sind die Kerzen? Wir haben zwar auch welche mitgenommen fürs Zelt. Doch du und Cornelia werden wohl im Hotel schlafen. Dort gibt's elektrisches Licht!«

Geduldig erklärte Hausi, sie hätten in den Bergen immer Taschenlampen *und* Kerzen dabei. Manchmal funktionieren die Batterien nicht, und schließlich gehen sie auch einmal aus. Meistens dann, wenn sie dringend benötigt werden, wenn man etwa längere Zeit in einer Höhle steckenbleibt oder irgendein Motiv gründlicher fotografieren möchte. Auch zeigen die Kerzen, ob sich genug Sauerstoff in einer Gruft befindet. Je weniger Sauerstoff vorhanden sei, um so kleiner blaken die Kerzen, bis sie bei Sauerstoffverlust oder bestimmten Gasen erlöschen. Dann sei es schon fast zu spät, um im allerletzten Augenblick luftschnappend ans Tageslicht zu kriechen, denn Reste von Sauerstoff finde man oft nur noch in unmittelbarer Bodennähe.

Den Jungen dämmerte, daß Hausi offenbar keine Ferienreise in die französische Bretagne plante. Der Mann wollte ernsthaft arbeiten.

Die Sonne verzog sich hinter dem Niesen, unterhalb des Gipfels hatte sich ein Nebelstreif gebildet. Hausi lachte zu den Jungen hinüber.

»Schaut, dieser Berg ist unsere Wettervorhersage. Ein Sprichwort hier sagt: Hat der Niesen einen Hut – wird das Wetter gut. Hat der Niesen einen Degen – kommt Regen!«

»Und – ist das jetzt ein Hut oder ein Degen?«

»Der Nebelstreif steigt, das wird ein Hut. Morgen bleibt das Wetter gut!«

Ralf hatte den Erläuterungen nur mit halbem Ohr zugehört. Er fragte Hausi, an welcher Ecke Cornelia eigentlich ihre alten Karten gefunden habe. »An derselben Straße, vier Häuser weiter vorne an der Kreuzung. Aber da findest du heute nichts mehr. Die Straßendecke ist wieder dichtgemacht worden.«

Ralf meinte, er möchte sich die Stelle einmal ansehen, einfach so. Er komme gleich wieder. Etwas bedrückt verließ er das Haus. Wo blieb nur Cornelia? An der besagten Straßenecke war außer zwei Strichen im Zement nichts mehr zu sehen. Ralf marschierte weiter ins Städtchen hinein, überquerte mehrere Kreuzungen. Die Ladengeschäfte waren geschlossen. Es ging auf sechs Uhr abends zu, noch immer war strahlend heller Tag. Wo aber blieb Cornelia? Immer verbissener trottete Ralf durch die Straßen, blickte nach rechts und links, schaute in die Nischen von Hauseingängen und Geschäften. Dann drehte er um, lief neue Wege hinunter zum See und merkte plötzlich, daß er beinahe am Campingplatz gelandet war. Vom vergangenen Jahr her kannte er den Weg zu Huggenbergers Haus. Er kehrte um, lief raschen Schrittes die Straße wieder hinauf, in seinem Kopf nur den einen Gedanken: Inzwischen muß Cornelia daheim sein!

In der engen Kurve eines schmalen, von Gartenzäunen flankierten Weges vernahm er plötzlich Cornelias Lachen. Dann sah er sie von hinten. Sie trug zwei pralle Einkaufstüten, und neben ihr ging ein fremder, schwarzhaariger Junge mit einem kleinen Rucksack und ebenfalls je einer Einkaufstasche in den Händen. Ralf wollte rufen, sich bemerkbar machen, doch seine Stimme wollte nicht. Jetzt bogen die beiden in die Kreuzung, in welche das Sträßchen mit Huggenbergers Haus einmündete. Ralf blieb auf Distanz. Vor der Haustüre setzte der fremde Junge seine Einkaufstaschen ab, gab Cornelia einen Kuß auf die Wange, rief etwas Unverständliches und kam geradewegs auf Ralf zu. Er schien glücklich zu sein, denn er lachte auch noch über das ganze Gesicht, als er mit Ralf auf einer Höhe war. »Salü!« rief er Ralf in diesem eigenartigen Dialekt zu, den man im Berner Oberland spricht. Dann winkte er sogar noch und ging mit zügigen Schritten an Ralf vorbei.

Irgend etwas in Ralf zerbrach. Er wußte nicht, ob er weiter auf Huggenbergers Haus zulaufen sollte. Er drehte sich nochmals um, doch der fremde Junge mit den schwarzen Haaren und den dunklen Jeans war bereits hinter der Kreuzung verschwunden. Wer war das gewesen? Weshalb hatte er Cornelia geküßt? Zum ersten Male in seinem Leben spürte Ralf den Stachel der Eifersucht. Er wurde innerlich nicht böse, das entsprach nicht dem Charakter von Ralf, er war nur einfach enttäuscht, müde, irgend etwas in ihm war hohl, die ganze Begeisterung für das Geheimnis der Linien wie weggeblasen. Leise trat er ins Haus und hörte gerade Cornelia fragen: »Wo ist denn der Ralf?«

»Ich glaube, der sucht dich!« erwiderte Sven.

Ohne ein weiteres Wort rannte Cornelia aus dem Wohnzimmer auf den Hauseingang zu – und prallte mit Ralf zusammen, der still unter der Tür stehengeblieben war. Ralf wußte nicht, wie ihm geschah. Das Mädchen flog regelrecht in seine Arme. Die beiden drückten und küßten sich, bis in Ralfs vielschichtigem Gehirn das Bild des schwarzhaarigen Jungen von vorhin auftauchte. »Conny, komm heraus, ich muß dich etwas fragen.«

Hand in Hand standen sie vor der Haustür.

»Conny, hast du einen Freund?«

»Ja – dich!«

»Ich meine einen anderen, außer mir?«

»Wie kommst du denn darauf?«

Ralf wand sich, das Blut stieg in sein Gesicht: »Ich habe dich vorhin beobachtet – ungewollt, ich schwöre es – mit diesem schwarzhaarigen Kerl, der dich vor der Haustüre auch noch küßte...!«

Cornelia löste ihren Händedruck. Erst blickte sie ernst, fast ungläubig in Ralfs Gesicht, dann lachte sie befreiend.

»Das darf doch nicht wahr sein! Du bist eifersüchtig! Ja, ja, zwischen Detmold und Spiez liegen viele hundert Kilometer. Ich habe dir doch in jedem Brief geschrieben, daß ich nur dich lieb habe.«

»Aber der Kerl von vorhin...?«

»Das war Renato, und Renato ist der Sohn vom Bruder meines Vaters – also mein Cousin!«

Wenn Menschen Flügel hätten, wären Ralf und Cornelia jetzt davongeflogen! Eine unbeschreibliche Last löste sich von Ralfs junger Brust. Er fühlte sich federleicht, er hätte fliegen und tanzen und vor

Freude heulen können. Die Abendsonne verzauberte die Landschaft in Gold, Braun und Grün, wie es Ralf noch nie wahrgenommen hatte. Die Gletscher und Schneefelder in der Höhe hatten eine azurblaue Färbung angenommen, durchzogen von pechschwarzen Schattenmustern. Vor die Berge, in größerer Entfernung, schien jemand einen diffusen Lichtervorhang gezogen zu haben, durchbrochen nur von vereinzelten, knallgelben Fingern des Sonnenlichts. Zwischen den Liebkosungen flüsterte Ralf: »Von mir aus können wir morgen schon Richtung Frankreich starten. Ich bin zu jedem Abenteuer bereit!«

Botschaft aus der Steinzeit

Frankreich. Die Wehners bereisten dieses Land zum ersten Male. Cornelia und Hausi hatten einen Teil der Strecke schon früher befahren. Es war lächerlich, und doch kam es den Jungen vor, als ob hier eine andere Luft, eine andere Atmosphäre herrsche. Alles schien verschieden zu Deutschland und der Schweiz zu sein. Abseits der Autobahn führte die Strecke immer wieder über schnurgerade Straßen, dann folgte eine leichte Kurve, und wieder zog sich das Straßenband, oft flankiert von einer Allee von Bäumen, kerzengerade weiter bis ins nächste Dorf. Diese Dörfer schauten nicht so herausgeputzt wie diejenigen in der Schweiz und in Deutschland aus. Überall vor den kleinen Restaurants standen Tische und Stühle auf dem Gehsteig. Lustig wirkten auch die Polizisten in ihren dunkelblauen Uniformen mit den roten Biesen, die da und dort an Kreuzungen standen. Mit Trillerpfeifen stoppten sie den Verkehr, dann wieder drehten sie ihre weißen Schlagstöcke, die an einem Lederband um das Handgelenk hingen, wie schnell rotierende Propeller. *»Vite! Vite! Allez-y!«* Rasch! Rasch! Bewegt euch endlich! Ein Bild, das zu Hause kaum denkbar wäre. Polizisten beschleunigten den Verkehr!

Hausi und Vater Wehner wechselten sich alle zwei Stunden am Steuer ab. Die Jungmannschaft wollte nicht einmal zum Picknick anhalten. Wir essen im Auto, hieß die Devise, und so erreichte die Gruppe das alte Städtchen Auray in der Bretagne bereits abends nach sieben. Es roch nach Regen, deshalb verzichteten die Wehners auf ein Zeltlager und übernachteten in einem kleinen Hotel mitten in der Stadt. Beim Abendessen übersetzten Ralf und Cornelia die französische Speisekarte.

»Hier steht *poison*«, witzelte der aufgedrehte Ralf. »Das ist doch englisch und bedeutet ›Gift‹.«

»Das heißt nicht *poison* sondern *poisson*«, belehrte Hausi die Runde. »*Poison* mit einem s würde auch auf französisch ›Gift‹ heißen, aber hier steht's mit ›ss‹ und bedeutet ›Fisch‹. Wir sind hier an einem Fluß mit dem Namen Loch, das klingt zwar deutsch, ist es aber nicht, und wird im Französischen *lok* ausgesprochen. Zudem liegt das Städtchen Auray am Golf von Morbihan und nur wenige Kilometer vom offenen Meer entfernt. Logisch, daß es hier Fischarten und Krustentiere im Überfluß gibt.«

»Sind wir denn schon im Gebiet mit den Abertausenden von Menhiren?« wollte Andy wissen.

»Mittendrin!« meldete sich eine fremde Stimme vom Nachbartisch. Ein kleingewachsener Herr mit krausen Haaren, hoher Stirne, lebhaften Augen und dem kleinen Ansatz eines Bäuchleins erhob sein Weinglas und prostete zur Gruppe hinüber. Hausi und Vater Wehner prosteten zurück, der Fremde lächelte gutmütig, er machte einen zufriedenen Eindruck.

»Sie müssen Schweizer sein«, sagte Hausi zum Fremden. »Ich höre es an ihrer Aussprache.«

»Stimmt«, erwiderte der Fremde. »Sie aber auch! Und ihre Begleiter, so würde ich schätzen, kommen eher aus dem nördlicheren Teil von Deutschland.«

»Hört man das?« wollte Vater Wehner wissen.

»Ich schon. Ich reise viel in der Welt herum, und mit den Jahren lernt man die sprachlichen Unterschiede.«

»Und was, wenn ich fragen darf, treibt sie in die Bretagne?«

Der Fremde lächelte, verschränkte beide Arme vor der Brust, blickte von einem zum andern und antwortete: »Dasselbe wie Sie.«

Sven reagierte sofort: »Woher wollen sie wissen, was wir hier suchen?«

»Ich bin ein aufmerksamer Zuhörer! Ihre Gespräche waren unüberhörbar!«

Die Hausi-Wehner-Gruppe wußte nicht recht, wie sie reagieren sollte. Vielleicht konnte der Fremde helfen? Möglicherweise wußte er schon eine ganze Menge über die vorgeschichtlichen Steinsetzungen. Kannte er Geheimnisse, die sie erst noch auskundschaften mußten? Oder versuchte er, sie auf eine falsche Fährte zu locken? Wußte er etwas über das Rätsel der Linien, über die »Herren der Kreise und Sterne«? Während an einem Tischende Andy und Sven, am anderen Ralf und Cornelia tuschelten, sagte Hausi auf Schweizerdeutsch: »Ich kenne Sie von irgendwoher. Wie ist Ihr Name – bitte?«

»Mark. – Mark Skaja«, setzte er hinzu.

Jetzt ging Hausi der berühmte Kronleuchter auf. Mark Skaja war Schriftsteller. Sehr bekannt für seine Reiseberichte. Ein Mann, der weltweit Geheimnisse aufspürte und stets wieder die wissenschaftliche Lehrmeinung attackierte.

Hausi informierte seine Runde.

»Meinst du, daß er mit uns kommt?« flüsterte Andy respektvoll.

»Darf ich mich zu Ihnen hinübersetzen?« bat der Fremde. Dann nahm er sein Weinglas und eine halbvolle Flasche, rückte den Stuhl zwischen die Jungen, drückte jedem kurz die Hand und sagte: »Wir werden uns in den nächsten Tagen immer wieder begegnen. Draußen im Gelände, vielleicht auch bei einem der vielen Dolmen. Ihr sagt mir, was ihr herausgefunden habt, und ich sage euch, was ich herausgefunden habe. So ergänzen wir uns. Wir können unsere Daten vergleichen und Fehler vermeiden. Zudem schlage ich vor, daß wir uns duzen. Das ist unter Gleichgesinnten so üblich. Was wißt ihr über die Bretagne?«

Ralf blickte zu seinem Vater und den beiden Brüdern. Dann übernahm er die Antwort: »Eigentlich wenig. Es gibt hier Abertausende von Steinen in seltsamen Anordnungen. Dann große Steintische und rätselhafte Gräber aus der Steinzeit. Das möchten wir ansehen.«

»Und dazu braucht ihr Kunststoffseile?« Mark lächelte geduldig.

»Woher wissen Sie...?«

»Ich beobachtete euch von diesem Tisch aus und durch dieses Fenster, wie ihr das Gepäck ausgeladen habt. Die farbigen Kunststoffseile waren nicht zu übersehen!«

»Kinder – äh, Freunde«, mischte sich Vater Wehner ein, »ich

glaube nicht, daß ihr etwas verheimlichen sollt. Mark scheint ohnehin mehr zu wissen als wir.«

Mark lächelte verständnisvoll. »Oh, ich kann immer noch lernen, und die Jugend hat einen wachen Verstand. Soll ich euch sagen, wozu die Kunststoffseile sind? – Zum Abmessen der geraden Strekken. Gehe ich richtig in der Annahme, daß ihr auch Winkelmaße mitführt? Und vielleicht ein Meßband? Eventuell ein Blinklicht und eine Karte mit kuriosen Linien darauf...?«

Schweigen. Die Männer tranken sich still zu, Mark lächelte. Von den Jungen faßte sich wie immer Sven zuerst.

»Was wissen Sie von den Linien?«

»Daß sie sich über ganz Europa ziehen, einige sogar um den Erdball.«

»Sagt Ihnen Dänemark oder das Wort ›Trelleborg‹ irgend etwas?«

»Oh, ein richtiges Kreuzverhör!« erwiderte Mark verständnisvoll. »Ich gestehe, es verblüfft mich zu hören, woher ihr jungen Menschen etwas von Dänemark und dem Trelleborg wissen könnt. Aber gut, du hast mich gefragt und sollst meine Antwort haben: Vier Wikingerburgen in Dänemark sind auf einem geraden Kreisbogen, das ist die Strecke über die Erdkugel, mit Delphi in Griechenland verbunden. Dort residierte der Göttersohn Apollo. Zufrieden?«

»Mann, o Mann«, hauchte Andy respektvoll, »der weiß aber Bescheid!«

Es wurde ein langer Abend. Mark berichtete, das Gebiet, auf dem sie sich befänden, heiße »Armorica«, was »Land am Meer« bedeute. Der Name »Armorica« stamme noch von den Galliern, doch habe man in der Gegend menschliche Spuren aus einer Zeit gefunden, die hunderttausend Jahre zurückreiche. In der Eiszeit vor etwa 12000 Jahren habe der Meeresspiegel tiefer gelegen als heute. Bei der Eisschmelze stieg das Wasser, die Flußtäler wurden vom Meer überschwemmt und ließen Buchten entstehen, die heute noch tief ins Land hineinreichen. Mark warnte die Jungen vor den Gezeiten. In der Bucht von St. Malo könne die Flut 13 Meter erreichen, in derjenigen von Mont-St.-Michel sogar 15 Meter. Das sei auch umgekehrt recht gefährlich. Bei Ebbe weiche das Wasser in den Buchten sehr schnell zurück, es entstehen Strömungen Richtung Meer, die starken

Flüssen gleichen. Auch vor den Wellen und der Brandung warnte Mark die Runde. Es sei nicht so, als ob Wellen stets auf das Land zulaufen, auch wenn dies den Anschein habe. Er empfahl den Jungen, ein Stück Papier oder Holz auf der Meeresoberfläche zu beobachten, das seltsamerweise nicht an den Strand geschleudert würde, sondern sich im Kreise drehe. Dies auch bei Windstille. Diese Bewegung des Wassers würde durch die Dünung verursacht, das seien Wellen, die weitab, vielleicht Hunderte von Kilometern entfernt, verursacht werden und sich kaum sichtbar fortpflanzen. Nur diejenigen Wellen, welche direkt ans Ufer getragen werden, überschlagen sich in einer Schaumkrone und werden Brandung genannt. In felsigen Buchten ist diese Brandung sehr gefährlich, weil sie von Riffen in unterschiedlichen Formen und Tiefen zurückgeworfen wird, dabei wie ein schnell fahrender Lift in die Höhe steigt und Wirbel bildet, denen ein Schwimmer nicht gewachsen ist. Auch kann die Brandung einen Menschen an die Felsriffe schleudern, was zu gefährlichen Hautverletzungen und sogar Knochenbrüchen führen kann.

»Schwimmt und taucht hier nur an zugelassenen Badestränden«, impfte Mark den Jungen ein, »und schwimmt niemals von einem Inselchen zum andern. Ihr könntet plötzlich nicht mehr zurückkommen, und wir möchten doch einige Rätsel dieser zerklüfteten Gegend abhaken.«

Mark wußte ungeheuer viel, er schien ein wandelndes Lexikon zu sein. Er spuckte Namen und Zahlen aus wie ein Computer, als sei er ein geheimnisvolles Wesen aus einer anderen Welt. Die Jungen, aber auch Hausi und Vater Wehner, hörten ihm fasziniert zu, bis er plötzlich aufstand, jedem zulächelte, sich liebenswürdig verabschiedete und dann noch hinzufügte: »Unterscheidet morgen im Gelände immer die fünf verschiedenen Arten von Steinsetzungen. Da gibt es *Menhire* – das sind die aufrecht stehenden Steine. Dann gibt es die *Dolmen* – das sind die Steintische oder auch Hünengräber. Dann gibt es die *Cromlechs* – das sind bogenförmige Steinsetzungen. Und schließlich gibt es noch die *Alignements* – das sind kilometerlange Steinalleen. Und zuletzt gibt es noch die *Steinkreise*. Vielleicht sehen wir uns morgen. Ich wünsche euch viel Glück bei der Jagd.«

Am nächsten Vormittag ging's los. Vater Wehner fand einen kleinen Campingplatz, zwei Kilometer vom Städtchen Carnac entfernt, inmitten einer zerklüfteten Felslandschaft. Insgeheim wünschte sich Ralf, sie wären im Hotel geblieben, denn dort schlief Cornelia. Doch tröstete er sich damit, daß sie immerhin den ganzen Tag und auch noch beim Abendessen beisammen sein konnten. Die Ausrüstung blieb im VW-Bus. Die ersten Erkundigungen sollten gemeinsam unternommen werden. Vater Wehner parkte das Auto einen Kilometer nördlich von Carnac, direkt neben einer Steinallee, am Straßenrand.

»Das darf doch nicht wahr sein!« schnaufte Andy, der als erster die kleine Böschung emporkroch. »Ein Paradies für Asterix und Obelix!«

Soweit das Auge reichte, angefangen von den ersten Häusern bis hinüber zum Waldrand, standen Hunderte von senkrecht aufgerichteten Steinen. Große, bis zu vier Meter hohe, dann kleinere und zerborstene, doch alle unübersehbar in geraden Linien ausgerichtet. Wie viele mochten es sein? Andy zählte die Kolonnen, es war eine Elferreihe. Wie breit, wie lang mochten die Steinalleen sein?

Hausi blätterte in einem Buch und las vor: »Die Steinallee hier heißt ›le Ménec‹ und besteht aus exakt 1099 Menhiren. Sie ist 1167 Meter lang und gut so breit wie zwei Fußballfelder.«

Sven holte einen Notizblock hervor und bat seine Brüder und Cornelia, einige Abstände zwischen den Steinen zu messen, und zwar immer von einem Mittelpunkt des Menhirs zum nächsten. Cornelia und Ralf legten das Meßband aus, Andy las die Distanzen ab, Sven machte eine Skizze und notierte die Zahlen. Sehr bald zeigte sich, daß sich die Abstände zwischen den Menhiren ständig wiederholten. Mal waren es 6,63 Meter, dann 11,6 Meter, dann 9,94 oder 8,29 Meter. Immer wieder las Andy die gleichen Zahlen ab, die Sven eifrig auf sein Blatt übertrug. Als sich die Zahl 8,29 mehrmals wiederholte, kam Ralf eine Idee. Er rief die anderen zu sich.

»Sven, erinnerst du dich an deinen Vortrag vom zweiten Weihnachtstag? Da sind wir doch beinahe aneinandergeraten, weil du behauptet hattest, irgendein Professor habe einen einheitlichen Maßstab nachgewiesen, der bei allen Megalithbauten von Irland bis Spanien zur Anwendung gekommen sei?«

»Sicher, das war Professor Alexander Thom. Er nannte das Einheitsmaß ›megalithisches Yard‹, und es entspricht 82,9 Zentimetern.«

»Das ist es!« Ralf klaubte einen kleinen, elektronischen Taschenrechner aus der Windjacke und tippte Zahlen ein. »Schaut her! Alle Abstände hier zwischen den Menhiren entsprechen jeweils 8, 10, 12 oder 14 megalithischen Yards. Es sind immer gerade Zahlen. Da muß doch etwas dahinterstecken!«

Je weiter die Gruppe die Steinallee »le Ménec« abschritt, um so niedriger und mickriger wurden die Menhire. Dann, gegen das Ende der 1,167 Kilometer langen Strecke, wuchsen sie wieder bis zur Höhe von 2,10 Meter. Die Gruppe kam nicht zum Verschnaufen. Ralf und Cornelia, die Hand in Hand etwas vorausliefen, stießen schon 250 Meter östlich von »le Ménec« auf die nächste Steinallee. Es handelte sich um das »Alignement« – so nennt man die Steinreihen in Frankreich – von »Kermario«, das aus 1029 Menhiren in Zehnerkolonnen bestand. Länge: 1120 Meter.

Wie Soldaten stehen die Menhire seit Jahrtausenden in Reih und Glied und zeugen von einer Leistung, die wir nicht begreifen.

Bei der Steinallee »Kermario« befanden sich die größten Menhire ziemlich im geometrischen Zentrum der Anlage. Weitere 400 Meter in östlicher Richtung folgte die dritte Steinallee. Diesmal standen die Menhire in Dreizehnerkolonnen. Das Feld war 880 Meter lang und 139 Meter breit. Hausi betrachtete die Nadel seines Kompasses.

»Diese Steinansammlung hier heißt ›Kerlescan‹. Sie ist fast genau in Ost-West-Richtung ausgelegt, und zwar 95 Grad von Norden«, erklärte er dann.

Sven notierte fleißig. Er spielte den Buchhalter in Sachen Stein. Je weiter östlich die Gruppe marschierte, desto weniger Menhire wurden es, bis sie schließlich kurz vor dem Weiler »Kerlescan« in einer einzigen Steinreihe ausliefen. Vermutlich hatten die früheren Siedler Steine zum Häuser- und Kirchenbau wegtransportiert. Conny und Ralf, der Gruppe immer noch voraus, winkten.

»He! Hier geht's noch weiter!« riefen beide. Tatsächlich folgte ein viertes Steinfeld. Es war dasjenige mit dem Namen »petit Ménec« und umfaßte 101 Menhire, die eigenartigerweise in einer Kurve angeordnet waren. Kleinere Kaliber wurden von Ginsterbüschen verdeckt, andere Einzelmenhire ließen sich noch im nahen Wald verfolgen. Eine Orgie in Stein! Wie sollte man je daraus schlau werden? Hausi meinte, sie wären jetzt schon über vier Kilometer marschiert und müßten insgesamt mehr als 3000 Menhire abgelaufen haben. Er schlug vor, das Auto hierherzufahren. Die Gruppe könnte dann weitersuchen, ohne daß die Gesamtstrecke beim Rückmarsch zu lang werde. Der Vorschlag wurde angenommen. Vater Wehner bat die Jungen, stets in Zweiergruppen zusammenzubleiben, jede Gruppe sollte ein Funkgerät dabeihaben.

Conny und Ralf wandten sich links in die Büsche, Andy und Sven blieben bei Vater Wehner, der mit Hilfe des Kompasses die exakte geometrische Ausrichtung der Steinallee feststellen wollte. Die Blätter im großen Notizblock von Sven waren kariert, dies gestattete ihm, alle Angaben in den richtigen Proportionen in die Kästchen einzutragen. Die Dreiergruppe, zu der nach einer halben Stunde auch Hausi stieß, machte erstaunliche Feststellungen: Die Steinallee »le Ménec« verlief in nordöstlicher Richtung. Eine verlängerte Linie, gezogen von »le Ménec«, berührte nach einer Distanz von 3,3 Kilometern in welligem Gelände genau die Mitte des Kreisbogens von »petit Ménec«. Doch nicht nur das: Dieselbe Linie durchschnitt exakt die Hälfte der Steinallee »Kermario«.

Im Funkgerät meldete sich Ralf:

»Hallo, Freunde! Wir sind ungefähr zwei Kilometer westlich von euch, nahe eines Weilers mit dem Namen Erdeven. Hier gibt es eine weitere Steinallee mit insgesamt 1129 Menhiren in Zehnerkolonnen! Auf der Strecke hierher stießen wir auf einen großen Dolmen. Er trägt den Namen ›Mané Kérioned‹. Sagt euch das irgend etwas?«

Hausi blätterte in seinem gescheiten Buch, das einige Zeichnungen des Gebietes um das Städtchen Carnac enthielt [25]. »Ja, den Dolmen habe ich! Er müßte im Norden von ›le Ménec‹ liegen.«

Der hellhörige Sven mischte sich ein: »He! Bruderherz! Wir haben eine eigenartige, geometrische Verbindung aufgedeckt. Wo genau im Norden liegt dieser Dolmen?«

»Weiß ich nicht«, krächzte es aus dem kleinen Lautsprecher. »Ich habe ja keine Karte. Aber ich sehe die Häuser von Carnac und glaube, daß wir höchstens zweieinhalb Kilometer von ›le Ménec‹ entfernt sind.«

Jetzt griff Hausi zum Funkgerät. »Sag mal, gibt es zwischen euch und dem Städtchen Carnac unübersichtliche Hügel?« fragte er.

»Nein!«

»Dann marschiert zurück zu dem Dolmen, an dem ihr vorbeigekommen seid. Ich fahre zu euch!«

Hausi blickte auf die exakten Skizzen von Sven. Der Junge war wirklich Klasse! Hausi wollte wissen, ob sich von diesem Dolmen, bei dem Ralf und Conny standen, vielleicht eine Verbindung zu den »Alignements« ziehen ließe. Sven und Vater Wehner sollten zu den Steinkolonnen von »le Ménec« gehen und den kleinen Spiegelreflektor mitnehmen. Er selbst wollte mit Andy zum Dolmen fahren, bei dem das verliebte Pärchen wartete. Über Funk würden sie sich absprechen und mit Hilfe des Strahls und des Kompasses die genaue Verbindung zwischen Dolmen und Steinkolonnen ausloten.

Es klappte besser als erwartet. Bei Ralf und Conny angekommen, kletterte Hausi auf den Dolmen, funkte Sven, er möge seinen Reflektor in der Abendsonne schwenken. Durch den Feldstecher sah er den Reflektor wie eine Lampe, die im Winde schwang. Als Sven auf ein Funkkommando den Reflektor stillhielt, peilte Hausi mit dem Kompaß pfeilgenau darauf. Dann wies er Sven an, sich weiter auf den Anfang der Steinreihe von »le Ménec« zuzubewegen. Dieses Spielchen dauerte einige Zeit, bis die Kompaßnadel exakt mit der verlängerten Linie übereinstimmte. »Stopp! Sven, wo stehst du jetzt?«

»Exakt am Anfang der Steinkolonne.«

»Phänomenal!« jauchzte Hausi. »Der Dolmen ›Mané Kérioned‹ liegt pfeilgerade im Norden von deinem Standpunkt. Jetzt sollten wir mit den Seilen die exakte Distanz ausmessen.«

Der Abstand vom Anfangspunkt der Steinallee »le Ménec« bis zum Dolmen »Mané Kérioned« betrug genau 2680 Meter. Und damit begann eine Jagd, welche die Jugendlichen und die zwei Erwachsenen in den darauffolgenden Tagen nicht mehr losließ. Sven füllte immer mehr Blätter seines Blockes mit Daten. Winkelmaße wurden genommen, Distanzen gemessen, große Einzelmenhire aufgesucht und Menhirkolonnen abgeschritten. Das Resultat der Fleißarbeit war im höchsten Grade verblüffend.

Zwischen den diversen Steinsetzungen wiederholten sich die

Strecken von 2680 Metern immer wieder. Es entstanden große und kleine Dreiecke, regelrechte Pyramiden, die übereinander angeordnet waren. Auch wurden stets die gleichen Winkel gemessen, aus denen sich neue zusätzliche Dreiecke ergaben. Auf Svens Notizblock entstanden Muster, eine rätselhafte Botschaft aus der Steinzeit. Das alles konnte kein Zufall mehr sein. Hier einige Beispiele:

<u>Die Botschaft der Dolmen, Menhire und Allignements</u>

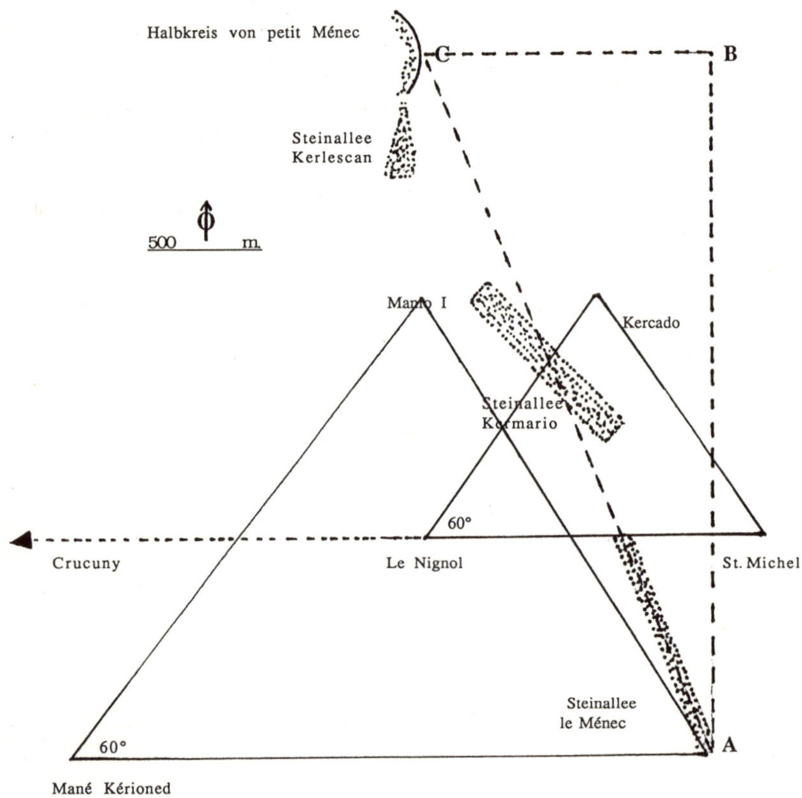

Die Seitenlängen im grossen Dreieck betragen 2680 m.

Die Seitenlängen im kleinen Dreieck betragen 1680 m.

Die Steinreihen von »le Ménec« und »Kermario« verlaufen in nordöstlicher Richtung und berühren an ihrem längsten Punkt die Mitte des Kreisbogens von »petit Ménec«. Diese 3,3 Kilometer lange Strecke ist gleichzeitig die Hypotenuse eines rechtwinkligen Dreiecks. (Wenn einer der Winkel in einem Dreieck rechtwinklig ist – also 90 Grad aufweist – nennt man dieses Dreieck »rechtwinklig«. Die Linie, welche dem rechten Winkel gegenüberliegt, ist die »Hypotenuse«.) Vorhin hatten wir vom Anfang der Steinkolonne von »Ménec« eine Linie in nördlicher Richtung gezogen, die nach 2680 Metern auf den Dolmen von »Mané Kérioned« stieß. Von hier aus zielt eine andere Linie im genau gleichen Winkel von 60 Grad auf den mächtigen Menhir mit dem Namen »Manio I«. Erneut beträgt die Distanz 2680 Meter. Die drei Punkte »le Ménec« – »Manio I« – »Mané Kérioned« bilden ein gleichschenkliges Dreieck, sie sind alle gleich weit voneinander entfernt.

Doch weiter mit den Kuriositäten. Vom östlichen Ende von »le Ménec« bietet sich eine Nord-Süd-Linie an, die im Süden den Dolmen von St. Michel, im Norden »le Nignol« durchschneidet. Diese gerade Strecke liegt innerhalb des vorher aufgedeckten Dreiecks, wobei »le Nignol« exakt die Hälfte der vorherigen Strecke von 2680 Metern markiert. Ein weiterer Winkel von 60 Grad ergibt ein zusätzliches, gleichschenkliges Dreieck, das über die Steinsetzungen von »St. Michel« – »le Nignol« und »Kercado« läuft. Dabei schneidet die Linie »le Nignol«–»Kercado« die Steinkolonne von »Kermario« nicht nur in zwei gleich große Teile, sondern der Schnittpunkt markiert gleichzeitig die Hälfte der Hypotenuse der Strecke »le Ménec«–»petit Ménec«.

Der Wirt des kleinen Hotels in Auray hatte der Gruppe ein speziell preisgünstiges Angebot gemacht, sofern sie das Abendbrot jeden Tag in seinem Restaurant einnahmen. Vier Abende lang warteten sie auf Mark, insbesondere Sven brannte darauf, ihm seinen Notizblock mit den exakten Meßdaten zu zeigen. Doch Mark tauchte nicht auf. Ob ihm etwa zugestoßen war? Der Wirt beruhigte die Runde. Mark komme oft sehr spät ins Bett, manchmal sogar erst am frühen Morgen. Am fünften Abend war Mark plötzlich wieder da. Er trug Bartstoppeln im Gesicht, Staub in den Haaren, hatte schmutzige Hände und zwei Risse in den Hosen. Er lachte vergnügt.

»Entschuldigt bitte, wenn ich euch die Hand nicht gebe. Ich möchte zuerst unter die Dusche!«

Vierzig Minuten später war er wieder da. Gut gelaunt und frisch angezogen. »Na, Freunde – was habt ihr herausgefunden?«

Sven zeigte ihm den Block. Mark blätterte Seite für Seite durch, sehr ernst, wie den Jungen schien, und machte sich einige Notizen.

»Tadellose Arbeit!« lobte er. »Ihr seid ja ein richtiges Forscherteam! Und – habt ihr aus euren Daten schon Schlüsse gezogen?«

»Soweit sind wir noch nicht«, antwortete Vater Wehner. »Wir ahnen nur, daß hier etwas nicht stimmen kann. Schau dir diese Raumordnung an. Immer wieder die gleichen Entfernungen, die gleichen Winkel. Und das in hügeligem Gelände! Ich dachte immer, die Steinzeitmenschen, die alle diese Steinsetzungen errichtet haben, hätten von höherer Geometrie nichts verstanden! Offensichtlich ist das Gegenteil der Fall. Woher nur kommen diese steingewordenen Informationen? Seit wie vielen Jahrtausenden stehen diese monumentalen Ungereimtheiten eigentlich schon hier?«

»Seit mindestens 5830 Jahren!« Mark sagte es ganz trocken, so als sei er vor Jahrtausenden dabeigewesen.

»Wie kommst du zu dem Datum?« hakte Sven nach.

»Noch im letzten Jahr sind hier mit Hilfe von Knochen und zwei Holzkohlestücken C-14-Datierungen gemacht worden. Das älteste Fundstück hatte 5830 Jahre auf dem Buckel. Das sind knappe 4000 Jahre vor Christus und damit sogar 1500 Jahre vor dem Bau der großen Pyramide von Gizeh. Sagt mal, habt ihr jungen Leute den Namen Pythagoras schon gehört?«

Ralf räusperte sich, doch es war Cornelia, die antwortete.

»Wir haben vor wenigen Wochen in der Schule darüber geredet. Pythagoras war ein Philosoph und Mathematiker, der in Samos in Griechenland lebte. Das muß so um 530 vor Christus gewesen sein. Er hat irgendeinen berühmten Lehrsatz der Geometrie aufgestellt.«

»Stimmt!« Mark nickte. »Hört gut zu, auch wenn es kompliziert scheint: Wenn einer der Winkel im Dreieck rechtwinklig ist...«

»...dann ist das ein ›rechtwinkliges Dreieck‹«, ergänzte Ralf.

»Richtig! Und weißt du Schlauberger auch, was eine Kathete ist?«
»Eine *was?*« echote es in der Runde.
»Eine K-a-t-h-e-t-e!« wiederholte Mark geduldig.
Großes Schweigen. Auch den Erwachsenen fiel nichts ein.
»Also, die Hypotenuse ist diejenige Linie, welche dem rechten Winkel gegenüberliegt, und die Katheten sind die beiden Linien, welche die Hypotenuse berühren. Und für rechtwinklige Dreiecke gilt eben der berühmte Lehrsatz dieses Pythagoras. Der lautet: In einem rechtwinkligen Dreieck ist der Flächeninhalt des Quadrates über die Hypotenuse gleich der Summe der Flächeninhalte über den Katheten. Verstanden?«
»Kein Wort!« platzte Andy heraus, und die Runde grinste geradezu unverschämt.
Mark nahm ein Blatt Papier und zeigte es den Jungen.

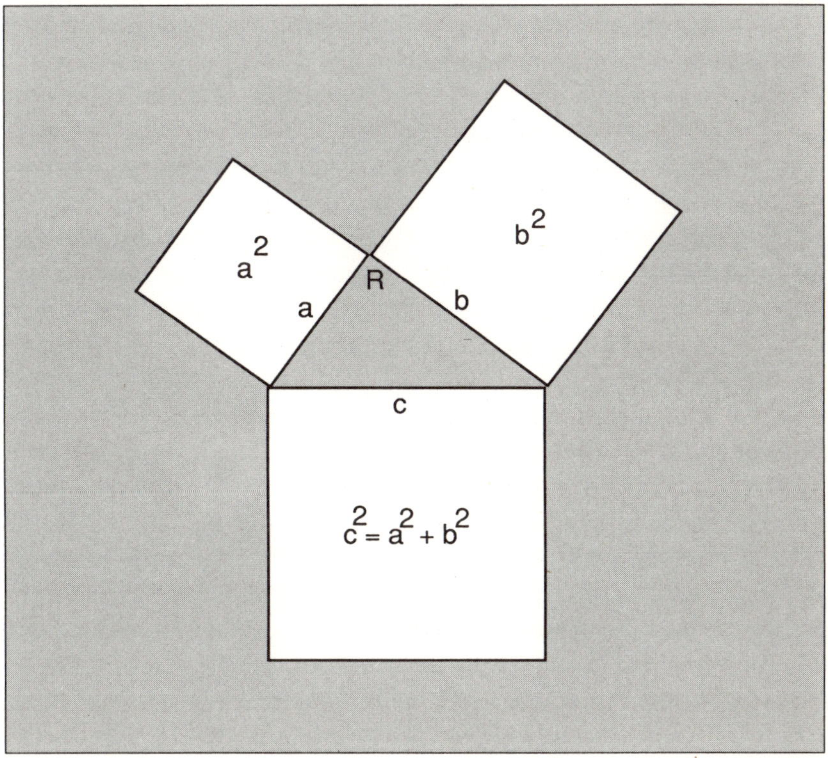

»Ihr seht: c^2 ist immer gleich $a^2 + b^2$. Der alte Herr Pythagoras aus Griechenland war ein kluger Kopf.«

»Und was hat dieser Pythagoras mit den Steinen in der französischen Bretagne zu tun?« erkundigte sich Sven.

Mark kramte einige Blätter aus seiner schwarzen vergilbten und zerkratzten Umhängetasche. »Das hier ist der Dolmen ›Manio I‹. Die Seiten des Dolmens sind trapezförmig angelegt. Wenn man die beiden Seitenlinien des Trapezes verlängert, stoßen sie in 107 Metern Entfernung in einem Winkel von 23 Grad aufeinander. Exakt dort verläuft aber eine Basislinie von West nach Ost, die den mächtigen ›Menhir von Manio‹ durchschneidet. Nun ziehen wir die dritte Linie, die zu jedem Dreieck gehört, wieder auf ›Manio I‹. Das Resultat ergibt ein rechtwinkliges Dreieck mit den Seitenverhältnissen 5:12:13, was die Bedingungen von $a^2 + b^2 = c^2$ von Pythagoras erfüllt. Nun könnte dies auch ein Zufall sein, denn die Welt steckt voller Zufälle. Insbesondere in einem geographischen Raum, in welchem sich viele Bezugspunkte als Maßstrecken anbieten. Doch es ist kein Zufall. Schaut her, die *gleichen* Dreiecke mit den *gleichen* Hypotenusen und den *gleichen* Katheten, mit den *gleichen* Seitenlängen und den *gleichen* Winkeln tauchen mehrfach auf! Dazu jede Menge andere pythagoreische Dreiecke mit den klassischen Seitenverhältnissen von 3:4:5. Freunde! Merkt ihr denn nichts? Die Gesamtanlage hier muß um rund 4000 vor Christus geplant worden sein. Unser Herr Pythagoras lebte aber erst um 530 vor Christus. Das bedeutet, daß bereits 3500 Jahre *vor* Pythagoras irgendein geometrisches Steinzeitgenie hier tätig gewesen sein muß.«

Es war still geworden in der Runde, bis Vater Wehner fragte: »Was sagt denn die Wissenschaft dazu?«

»Die hat sich kaum damit auseinandergesetzt, obwohl es einige gute Bücher mit verschiedenen Theorien gibt«, antwortete Mark. »Das ist ein Feld für junge Wissenschaftler mit einem aufgeschlossenen Verstand. Immerhin gibt es einige wenige Veröffentlichungen in der Wissenschaftsliteratur, die aufhorchen lassen. Hier, in der Zeitschrift ›Naturwissenschaftliche Rundschau‹, macht ein Dr. Bruno Kremer darauf aufmerksam, daß die einzelnen Steinsetzungen nach festen ›Maßbezeichnungen errichtet wurden, die auf eine hochentwickelte Vermessungstechnik schon im Mesolithikum schließen lassen‹. [26] Einzelne Wissenschaftler scheinen langsam zu merken, daß irgend etwas mit der menschlichen Vergangenheit und dem Wissen unserer steinzeitlichen Vorfahren nicht stimmen kann. Übrigens ist demselben Gelehrten noch etwas anderes aufgefallen. Drei Jahre nach seinem Artikel in der ›Naturwissenschaftlichen Rundschau‹ vermerkt er in einem anderen Beitrag – ich zitiere: ›In Anbetracht der Vielzahl von Beziehungen und Ausfluchtungen kann eigentlich kein begründeter Zweifel mehr an der raumorganisatorischen Planmäßigkeit der megalithischen Anlagen aufkommen.‹ [27] So – was sagt ihr jetzt?«

Selbst Sven, der Schnelldenker, sagte vorerst nichts. Ralf drückte krampfhaft Cornelias Hand, als befürchte er, sie würde ihm weggerissen. Andy schnaufte wie nach einer Bergwanderung, Hausi und Vater Wehner prosteten sich kurz zu.

»Aus den raumübergreifenden geometrischen Anordnungen ergeben sich eine Unzahl von unbeantworteten Fragen«, fuhr Mark fort. »Die ersten Fragen müßten lauten: Was eigentlich wollten diese Menschen der Steinzeit? Was trieb sie? Woher stammten ihre mathematisch-geometrischen Kenntnisse? Was für Instrumente verwendeten sie? Welche Vermessungsingenieure bestimmten die Fixpunkte in der unebenen Gegend? Und – da es damals ja keine Schrift gegeben haben soll – in was für Geländekarten übertrugen sie ihre Berechnungen und Zeichnungen? Wozu Menhirkolonnen in unterschiedlichen Breiten mit unterschiedlichen Reihen? Mal Neuner – dann Elfer – oder Dreizehnerkolonnen? Weshalb sind für das Spiel mit den Steinen verschiedene Arten von Steinsetzungen angewandt worden? Mal Menhire, dann Dolmen, Menhirkolonnen, Kreise und Halbkreise? Wieviel Planungszeit ging der Bauzeit voraus?«

Mark blickte in die Runde. Er hatte alle anderen Tischgefährten zum Nachdenken angespornt. Jeder dachte sich neue Fragen aus, neue Ungereimtheiten, die nicht in die Vorstellungswelt von primitiven Steinzeitmenschen paßten. Hausi formulierte einige der ungeklärten Fragen.

»Als Praktiker sehe ich noch andere Probleme als du, Mark. Wie zum Beispiel war der Lastentransport organisiert? Ich habe gelesen, ursprünglich seien in der französischen Bretagne über zehntausend Menhire bewegt worden. Wie? Was für Seile – wenn überhaupt – wurden benutzt? Wie funktionierten die Schwertransporte im Winter? Im Regen? Bei matschigem Untergrund? Mit welchen Werkzeugen wurden die monolithischen Platten maßgerecht zugeschnitten...?«

»Und«, Sven konnte sich nicht mehr zurückhalten, »wie viele Arbeitskräfte wurden benötigt? Wer dirigierte die Massen? Wer hatte das Oberkommando und weshalb? Was unterschied den Chef vom Rest der Ameisengemeinde? Wo übernachteten, überwinterten die Arbeiter mit ihrem Anhang? Wo sind die Überreste ihrer Raststätten, ihrer Nahrung, ihrer Knochen? Wie lange dauerte der megalithische Spuk? Zwei Arbeitergenerationen zu dreißig Jahren? Zehn Arbeitergenerationen oder noch mehr? Wer oder was spornte die Menschen zu ihrem Treiben an? Es muß ja so etwas wie ein Arbeitszwang geherrscht haben. Auch Menschen der Steinzeit rackerten sich schließlich nicht umsonst ab. Man stelle sich nur mal die damaligen Werkzeuge und Transportmöglichkeiten vor!«

Sven glühte, er war in seinem Element. Seine Fragen rissen immer neue Löcher auf. In einer Redepause fragte Cornelia fast schüchtern, was denn eigentlich die Fachleute, die Archäologen, zu den ganzen Steinsetzungen in der Bretagne zu sagen hätten. Schließlich lägen die Steine seit Ewigkeiten in der Gegend herum, also müßte es doch kluge Bücher darüber geben. Mark, der sehr viel gelesen haben mußte, beantwortete ihre Fragen.

»Früher hat man angenommen, primitive Nomadenstämme hätten Steinblöcke geschlagen und ausgerichtet, um es den orientalischen Völkern gleichzutun. Du weißt doch, in Ägypten gibt es mächtige Pyramiden und andere Prachtbauten. Nun glaubte man, die Nomadenstämme hätten von diesen herrlichen Bauwerken in anderen Erdteilen gehört und den Wunsch verspürt, auch etwas Gigantisches zu errichten. Diese Annahme ist aus zweierlei Hinsicht falsch: Nomandenstämme heißen ›Nomadenstämme‹, weil sie nicht seßhaft sind. Um die Leistung zu erbringen, die wir heute bestaunen, muß man aber schon seßhaft sein. Derartige Schwerarbeiten lassen sich nicht so mir nichts dir nichts herzaubern. Zudem beweisen die neuesten Datierungen, daß die megalithischen Steinsetzungen in der Bretagne bereits im Bau waren, als es noch gar keine ägyptische Geschichte gab. Also gab es auch nichts, was die angeblichen Nomadenstämme imitieren wollten.

Eine andere Denkrichtung vermutete, der ganze Raum der heutigen Bretagne habe einst als heiliges Land der Druiden gegolten. Das waren keltische Priester, die ihre große Zeit im letzten Jahrhundert vor Christus hatten. Falls also die Druiden tatsächlich hier wirkten, dann haben sie ihre heiligen Zeremonien in einer fertigen Anlage gefeiert.

Schließlich glaubte man, irgendwann in der Steinzeit habe irgend jemand ein Steingrab errichtet, damit der Leichnam nicht von Tieren geschändet wurde. Vielleicht habe der Unbekannte sein Grab mit Menhiren verstärkt. Im Laufe der darauffolgenden Jahrhunderte hätten es andere Generationen nachgemacht, wobei wohlhabendere Sippen bemüht waren, immer größere und noch schönere Gräber zu errichten. So entstanden schließlich ganze Felder von Steinsetzungen, die sich wie ein Geschwür über die Landschaft legten.«

»Das klingt doch eigentlich ganz vernünftig«, äußerte sich Vater Wehner.

»Entschuldige, Papi, wenn ich widerspreche!« meldete sich der hellwache Sven. »Weshalb hielten sich denn die späteren Sippen an das geometrische Spiel? An die pythagoreischen Dreiecke? Auf welche Weise soll denn – ohne Schrift! – der Gesamtplan über viele Jahrhunderte weitergereicht worden sein? Hat denn jede Generation zwanzig oder meinetwegen hundert Menhire zu den langen Steinreihen zusammengetragen? Fleißig in den Abständen des ›megalithischen Yards‹ und je nach Einpeitscher in Neuner-, Elfer- oder auch Dreizehnerkolonnen?«

Mark räusperte sich: »Diese Rechnung würde ohnehin nicht aufgehen, weil verschiedene Steinalleen und sogar Steinkreise unter dem Meeresspiegel liegen. Sie müssen also entstanden sein, bevor das Eis der letzten Eiszeit schmolz und den Meeresspiegel hob.«

»Wie bitte?« fragten alle gleichzeitig. »Kann man denn Steinsetzungen unter Wasser sehen?« rief Andy aufgeregt.

»Aber sicher!« Mark wollte noch eine Flasche Rotwein bestellen, doch Hausi übernahm die Aufgabe. Schließlich war er Weinhändler und verstand was vom Fach. Auch die Jugend bekam einen leichten Rotwein, der mit Mineralwasser gemischt wurde. Das gehöre in Frankreich dazu, hatte der Wirt gemeint, als er die Bestellung entgegennahm. Auf dem Tisch standen Käse und Graubrot, beides paßte hervorragend zum Wein. Bestecke gab es nicht, man aß mit den Fingern.

Es wurde eine lange Nacht. Weder der Jüngste, Andy, dachte ans Bett noch das Liebespärchen, das froh war, jede gemeinsame Minute auszukosten. Mark hielt die Runde in Bann. Er berichtete unermüdlich, zwischendurch rannte er hinauf in sein Zimmer, kam mit Büchern zurück und zeigte den verdutzten Zuhörern Bilder aus einer Welt voller Geheimnisse. Irgendwann gegen ein Uhr nachts meldete sich Hausi ab, einige Minuten später Vater Wehner, der seine Jungen noch bat, wenigstens kurz vor 10 Uhr zum Frühstück aufzutauchen, Cornelia schlief schon längst an der linken Schulter von Ralf, und Andy – eigentlich todmüde – wollte stur bis zum Schluß dabeisein. Nur Mark und Sven wollten zu keinem Ende kommen. Sie redeten und redeten, machten Notizen und vereinbarten schließlich, anderntags gemeinsam einige Punkte im Gelände zu besuchen.

Beim Abschied in weinseliger Stimmung sagte Mark: »Du, Sven, eigentlich seid ihr doch gar nicht in die französische Bretagne gefahren, um hier die geometrischen Kuriositäten zu untersuchen? Ihr seid doch auf der Spur der Linien – oder?«

»Beides«, erwiderte Sven vergnügt. Ihm schien die lange Nacht nichts anzuhaben. »Gibt es denn diese Linien auch hier?«

»Und ob! Ich zeige dir morgen einige. Doch vor dem Mittagessen wollen wir Menhire ansehen, die im Meerwasser versinken.«

»Ich versinke gleich in Schlaf«, lallte Cornelia, als Ralf ihr mit einem Kuß gute Nacht wünschte.

Lehrmeister aus Zeit und Raum

Monsieur Devaud, der Wirt des Hotels in Auray, war ein echter Bretone: rauhbeinig nach außen, liebenswürdig nach innen. Das Frühstück war längst abserviert, als die Forschergruppe am nächsten Morgen mit Verspätung anrückte. Doch Monsieur Devaud hatte Sandwiches machen lassen. Tee und Schokolade waren auch noch da, nur Mark fehlte. Hausi klopfte an seine Zimmertür.

»Bist du wach, Mark? Wir wollten doch gemeinsam losfahren?«

Zehn Minuten später stapfte Mark schwerbeladen die steile Treppe hinunter. Über jeder Schulter hing je ein schwarzer Koffer an einem Tragriemen. Dazu kam die vergilbte Ledertasche, die Mark nie aus den Augen ließ. Er erklärte, in den Koffern befänden sich mehrere Fotoapparate und Objektive, dazu Blitzlicht, Taschenlampe, Kompaß, Meßband, Kerzen, ein kleines Diktiergerät und im Deckel sogar ein Nylonseil. In der Tasche trage er seine persönlichen Geheimnisse. Mark dirigierte den VW-Bus über enge Sträßchen und einige Brücken in einen Weiler mit dem schwer auszusprechenden Namen »Locmariaquer«. Dort liegt der größte Menhir Europas am Boden, in mehrere Teile zerbrochen. Man nennt den gewaltigen Brocken »le grand Menhir brisé« (= der große, zerbrochene Menhir), aber er trägt auch noch den Namen »Er Grah«. Das Monstrum ist 21 Meter lang, wiegt gute 350 Tonnen und besteht aus grobkörnigem Granit. Derartigen Granit findet man in unmittelbarer Nähe von Locmariaquer nicht, er kommt jedoch an der Côte Sauvage, der wilden Küste, vor. Die liegt gute 20 Kilometer entfernt, getrennt von Locmariaquer durch den Golf von Morbihan. Wie um alles in der Welt war dieses Schwergewicht von den »Steinzeitlern« transportiert worden? Mark entfaltete eine Landkarte auf dem Boden.

»Hier, Freunde! Über den Standort dieses riesigen Menhirs laufen gleich acht Linien in verschiedene Richtungen, wobei alle acht Linien gleichzeitig schnurgerade andere Steinsetzungen überqueren. Schaut euch das auf der Karte an. Eine der Linien beginnt bei Trevas, läuft kurz die Küste entlang, überspringt den gesamten Golf von Morbihan, überschneidet hier diesen Menhir und überquert auf einer Strecke von 16 Kilometern die Bucht von Quiberon. Eine andere Linie beginnt bei einem Einzelmenhir südlich von St. Pierre (Quiberon), zieht dann über die Bucht von Quiberon, springt exakt über unseren Riesenmenhir und schließlich über den großen Dolmen auf dem Inselchen Gavrinis.«

Hausi, der Bergsteiger, blickte in die Luft, peilte dann über den Daumen die Länge des zerbrochenen Menhirs an und guckte wieder in die Morgenwolken. Cornelia erkundigte sich nach seinem seltsamen Gebaren.

»Als der Menhir noch stand«, antwortete ihr Vater, »wird er sich runde zwanzig Meter in den Himmel gereckt haben. Wie ein Obelisk. Wenn jemand auf die Spitze des Menhirs kletterte, konnte er von der luftigen Höhe aus alle vorhin aufgezählten Punkte mit bloßem Auge anvisieren. Das würde die schnurgeraden Strecken erklären.«

Mark war anderer Meinung. »Theoretisch ja – in der Praxis habe ich meine Zweifel. Es ist wie mit der berühmten Frage: Was war zuerst? Das Huhn oder das Ei? Was war hier zuerst? Der große Menhir oder die Visierlinien? Unterstellen wir, die ›tumben Steinzeitler‹ hätten aufs Geratewohl den großen Menhir an seinen gegenwärtigen Standort bugsiert, dann ist ein Junge hinaufgeklettert und hat die Kommandos geschrien: ›Mehr links! Mehr links!‹ Daraufhin haben die emsigen Konstrukteure die nächste Steinsetzung ›mehr links‹ plaziert, und auf diese Weise ist schließlich eine gerade Linie entstanden. Diese Methode funktioniert aber nur dann, wenn die Steinsetzungen nahe beisammen liegen. Ist der nächste Steinhaufen hingegen mehrere Kilometer entfernt – in unserem Falle sogar über die gesamte Meeresbucht von Quiberon und den Golf von Morbihan – hilft die Ausruferei nicht weiter. Doch selbst wenn die Methode irgendwie funktionierte, bleibt die Frage um das *Warum*. Weshalb, in aller Welt, sollten gerade Linien entstehen? Und weshalb mußte der große Menhier *hierher* transportiert werden? Die Linien hätten schließlich auch anderswo beginnen können. Und umgekehrt gedacht, wird die Sache noch unmöglicher: Die tollen Megalithiker können ihren 350-Tonnen-Menhir nicht an diesen Standort gezerrt haben, *weil* sich von hier aus Visierlinien in acht verschiedene Richtungen ergaben. Diese Visierlinien traten ja erst *nach* Aufrichtung des Menhirs zutage. Erst *von* der 21 Meter hohen Spitze des Menhirs sind die anderen Punkte im Gelände sichtbar. Also müssen unsere steinzeitlichen Vermessungsspezialisten den Standort *vorher* errechnet haben, sonst hätten sie den Riesenbrocken schwerlich gerade an diesen Visierpunkt dirigiert. Logo?«

Sven fügte hinzu: »Das ist wie bei den Linien, welche den Steinkreis von Stonehenge in England kreuzen. Was war zuerst? Die Festlegung der Linien oder Stonehenge? Wenn zuerst Stonehenge entstand, hätten sich die nachfolgenden Generationen an irgendein ominöses Liniennetz halten müssen. Wer aber hätte das Liniennetz festgelegt? Wie hätte die Botschaft die nachfolgenden Generationen, die keine Schrift kannten, erreicht? Und: Weshalb überhaupt der ganze Spuk?«

Vater Wehner, der bei all den vielen Debatten der vergangenen Tage eher als ruhiger Zuhörer mitwirkte, starrte nachdenklich auf den Boden. Er marschierte einige Male um den »grand Menhir brisé« herum. Irgend etwas beschäftigte ihn.

»Begreifen wir schon nicht, warum die kleineren, lokalen Linien entstanden, so verstehen wir von den internationalen Beziehungen überhaupt nichts mehr. Von Deutschland führen doch auch Linien in die Bretagne! Ist das so?«

Mark lächelte vielsagend und zog ein Heft aus seiner schwarzen Ledertasche.

»In der Tschechoslowakei, westlich von Prag, liegt der Ort Sternenberk«, begann er. »Von hier aus führt eine Linie nördlich an der Walhalla vorbei, quer durch die Städte Karlsruhe, Nancy, Troyes,

Orleans und Nantes in die Bretagne. Eine andere Strecke beginnt südlich von Straßburg und verläuft von Ost nach West über die teils kleinen Orte St. Odile, Balmont, Vaudigny, Domrémy, Vaudeville, Joinville, Wald von Fontainebleau, Domblain, Louze, Le Belle Etoile, Pierrefite, Kathedrale von Chartres, La Loupe, Alencon, Le Horn, Landerneau, St. Renan und Lampaul auf der atlantischen Insel Quessant vor der bretonischen Küste. Dabei geht es bei dieser Strecke nicht etwa um die Ortszentren, sondern um die megalithischen Überreste, die in- oder außerhalb aller hier aufgelisteten Orte entdeckt wurden. In der Bretagne durchschneidet die Linie gleich sechs megalithische Steinsetzungen. Wer hier noch von Zufall spricht, dem ist schwer zu helfen.«

Die Runde schwieg, nur Sven hatte sich die Karte von Mark etwas genauer angesehen.

»Wenn ich das richtig abschätze«, sagte er, »liegt diese Insel Quessant, an der die Linie endet, etwa 180 Kilometer Luftlinie von unserem Standort entfernt. Sie kann demnach mit den Steinsetzungen in unserer Gegend nichts zu tun haben. Gibt es denn an der nördlichen Küste der Bretagne auch Menhirkolonnen und Dolmen?«

Mark deutete mit der ausgestreckten Hand in die Ferne. »Im nördlichen Teil der Bretagne, und zwar im Departement Finistère, gibt es siebzehn Steingehege und zwölf Steinalleen! Sie sind nicht so schön wie die Steinalleen hier bei Carnac, denn in seinem religiösen Wahn hat der Mensch vieles vernichtet. Dazu mußt du wissen, daß schon auf den frühen christlichen Konzilen, beispielsweise in Tours im Jahre 567 oder Nantes im Jahre 658, offizielle Verbote der ›Steinkulte‹ befohlen wurden. Und im Jahre 789 erließ Karl der Große in Aachen einen ausdrücklichen Befehl zur Zerstörung der heidnischen Steinmale.«

»Was ist das, ein ›Konzil‹?« fragte Andy.

»Das waren Versammlungen von Bischöfen und Kardinälen. Konzile werden auch in unserer Zeit abgehalten.«

Ralf wurde ungeduldig. Er wäre gern mit Cornelia alleine gewesen. Deshalb erkundigte er sich, ob man sich später wieder treffen könne. Mark meinte, er solle sich nach dem Inselchen Gavrinis durchfragen, das sei nicht weit, und er solle dort an der Küste warten.

Bevor das Pärchen davonschlenderte, bat Hausi, sie sollten doch bitte ein Funkgerät mitnehmen, und sich jede Stunde kurz melden.

Mark versammelte seine übriggebliebenen Zuhörer in einem Halbkreis. Er hatte eine ganz besondere Sensation auf Lager.

»An der Nordküste der Bretagne liegt der Ort St. Pol-de-Léon und kurz davor der kleine Hafen von Poulennou. Vor einigen Jahren entdeckten Taucher am Pil Coa, das ist ein vorgelagertes Riff im offenen Meer, einen gewaltigen Dolmen. Aber nicht etwa auf dem Festland, sondern 25 Meter unter Wasser! [28] Wie alt mag der wohl sein?

Und hier, im Golf von Morbihan, befindet sich auch das Inselchen Er Lannic. Ich werde euch am späteren Nachmittag hinführen. Auf diesem winzigen Inselchen liegt ein Steinoval von 58 Metern Länge und 49 Metern Breite. Die Ellipse besteht aus 49 Menhiren. Aber, aufgepaßt! Nur die Hälfte der Menhire steht auf dem Land. Die andere Hälfte badet auch bei Ebbe unter dem Meeresspiegel. Dort, knapp neun Meter tiefer, befindet sich ein zweiter Steingürtel aus 33 Menhiren. Sie sind bei Ebbe und ruhiger See mit einer Taucherbrille gerade noch erkennbar. Die Stein-Ellipse und der Steinring sind wie eine Acht ineinander verschmolzen. Der Ring unter Wasser hat einen Durchmesser von 65 Metern.«

»Toll!« Andy lachte und hüpfte. »Endlich kann ich meine Tauchersachen einsetzen! Ich will den Steinring unter Wasser sehen!«

Mark biß sich auf die Lippen: »Das wird nicht leicht sein. Erstens sind die Wassertemperaturen in diesem Jahr immer noch sehr niedrig, ich schätze, nicht über 16 Grad, und zweitens bläst der Wind doch ganz unangenehm. Ohne Begleitung eines Schiffes wirst du nicht tauchen können, auch ist die Strömung um das Inselchen Er Lannic recht stark.«

Mark führte die Gruppe einige Sträßchen weiter zum riesigen Dolmen mit dem Namen »Table des Marchands« (= Tisch der Kaufleute). Der Dolmen wird von einer gewaltigen Platte von acht Metern Länge und vier Metern Breite abgedeckt. Geschätztes Gewicht: 50 Tonnen. Der Dolmen ist heute restauriert und von einem Gehege umgeben. Man kommt sich unter den wuchtigen Steinplatten recht klein und zerbrechlich vor, und jeder, der im geräumigen Bauch des Dolmen steht, fragt nach dem Wie und Warum. Natürlich ist auch dieser »Table des Marchands« in das geometrische Netz der Steinsetzungen eingebunden.

»Wißt ihr eigentlich«, informierte der unermüdliche Mark, »daß es allein in dem Gebiet, in dem wir uns aufhalten, 156 Dolmen gibt? Und von diesen 156 Dolmen sind 135 auf die Sommer- oder Wintersonnenwende ausgerichtet.«

»Was heißt das?« erkundigte sich Andy.

»Die Eingänge der Dolmen sind so in die Himmelsrichtungen ausgelegt, daß die Sonne am längsten oder kürzesten Tag genau in der Richtung des Einganges aufgeht. Die ersten Feuerzungen, die über dem Horizont auftauchen, leuchten mit ihren Strahlenfingern direkt in den Dolmen hinein. Diese seltsame Ausrichtungen auf den Sonnenaufgang am längsten oder kürzesten Tag ist übrigens ein Phänomen, das weltweit anzutreffen ist. Genauso wie die Steinsetzungen, die unter Wasser liegen.«

Sven hakte sofort ein: »Und du glaubst, das Beispiel mit dem Dolmen und den Steinkreisen unter dem Meeresspiegel sei kein Einzelfall?«

»Bei weitem nicht!« erwiderte Mark. »Doch kommt, ich habe Hunger, denn mir fehlt das Frühstück. Ich werde euch beim Mittagessen mehr über Steinsetzungen berichten, die unter Wasser liegen.«

Noch vor dem Mittagessen in einem kleinen Fischrestaurant meldete sich Ralf über Funk. Sie befänden sich an der Küste vor dem Inselchen Gavrinis. Hausi wollte noch zur Vorsicht mahnen, doch der Funkkontakt war bereits abgerissen.

Auf der Speisekarte wurde eine Vielfalt von Fischen angeboten, die alle an der bretonischen Küste gefangen werden: Seezungen, Seebarben, Rochen, Seebarsche, Steinbutte, Makrelen und natürlich verschiedene Krustentiere. Mark und Vater Wehner gönnten sich einen Hummer, den die Bretonen auch »König der Speisekarte« nennen. Das Tier wurde gegrillt und dann mit einer sämigen, scharfgewürzten Soße serviert. Sven und Andy begnügten sich mit einem in Butter gebratenen Steinbutt, während es die beiden Männer zum ersten Male mit einer einheimischen Fischsuppe als Vorspeise probierten. Die nennt man in Frankreich üblicherweise »Bouillabaisse«, doch in der Bretagne heißt sie »Cotriade«. Während des Mahls und zwischen Schmatzen und Fingerlecken berichtete der weitgereiste Mark über steinerne Anlagen unter dem Meeresspiegel.

»Es gibt sie hier in verschiedenen Buchten und an den Küsten kleinerer Inseln. Bei Ebbe könnt ihr oft ganze Steinkolonnen beobachten, die aussehen, als ob eine Kompanie Soldaten schnurstracks ins Wasser marschiere. Zum Beispiel auf der östlichen Seite der Halbinsel Quiberon, keine 20 Kilometer von hier. Doch gibt es diese Unterwasseranlagen auch anderswo.«

Mark wischte sich die Finger an der Serviette ab und angelte einige Papiere aus seiner Geheimtasche. Als Kaffee und Tee serviert waren, drängte es Sven, mehr über Bauten zu erfahren, die unter dem Meeresspiegel liegen. Dieser Mark schien wie ein Detektiv, der penibel genaue Fakten zusammentrug, um sie eines Tages in die öffentliche Diskussion zu bringen. Er fuhr fort:

»In der Blütezeit des römischen Imperiums überbauten die Karthager 100 Kilometer südwestlich der heutigen Stadt Tanger in Nordafrika eine alte Hafenstadt. Sie tauften sie Lixus, das bedeutete: ›die Ewige‹. Der Grund für diese Benennung? Lixus wurde auf den gewaltigen Ruinen eines phönizischen Außenpostens errichtet. Die Phönizier, das große Seevolk der Antike, hatten denselben Ort schon um 1200 vor Christus besiedelt. Dies keineswegs aus einer wolkigen Laune heraus! Bereits die Phönizier stießen nämlich vor Ort auf die Überreste einer undatierbaren Megalithkultur, die mit imposanten Steinblöcken umgegangen sein muß wie unser Andy mit Spielzeug. Die Hafenmole bestand aus kolossalen Quadern, als Schutzwall dienten Hunderte von riesigen und künstlich bearbeiteten Granitfelsen. Heute noch erkennt man bei Ebbe Teile der alten Hafenmauer, und unweit davon sind in den Fels eingedrückte Rillen gefunden worden, die schienenartig im Atlantik versinken.

Auch bei der spanischen Stadt Cadiz, auf dem Riff, das täglich sechs Stunden unter Wasser liegt, kann man bei Ebbe ein Stück ›Geleisestraße‹ von etwa 100 Metern Länge sehen. Die Spurbreite mißt 1,60 Meter. Und ähnliches findet man auf der Insel Malta und deren Nachbarinsel Gozo im Mittelmeer. Beide Inseln sind überzogen mit einem kuriosen ›Geleisenetz‹. Die Einheimischen nennen die Rillen im Boden ›cart ruts‹. Wenn ihr zum ersten Mal dort seid, denkt ihr vielleicht flüchtig, es handle sich um stillgelegte Streckenführungen ehemaliger Eisenbahnlinien, aus denen die Schienen entfernt wurden. Bei genauerer Bodenuntersuchung merkt ihr dann rasch, daß die Malta-Geleise ein einziges Rätsel darstellen.

Es können keine Geleise im üblichen Sinne gewesen sein, denn die Spuren der parallel verlaufenden Rillen sind nicht nur von Geleise zu Geleise verschieden, sie ändern sich sogar im Verlaufe eines einzelnen Stranges. Das könnt ihr besonders eindrücklich beobachten südwestlich der alten Hauptstadt Medina, im Raume von Dingle. Dort massieren sich die Geleise wie auf einem großen Rangierbahnhof. Diese seltsamen ›Geleise‹ führen durch Täler, klettern Hügel hinauf, verlaufen oft nebeneinander oder nehmen überraschend enge Kurven. Und eben: Einige dieser Geleise versinken spurlos im Meer!

Es gibt über diese Geleise viele Spekulationen – und keine gesicherten Antworten. Waren es Karrenspuren? Nein. Die unterschiedlichen Spurbreiten lassen diese Schlußfolgerung nicht zu. Zudem gibt es sehr enge Kurven mit tiefliegenden Rillen. Kein Karren war um diese Kurven zu bugsieren.

Sind auf ihnen die Lasten für die vielen Megalithtempel, von denen die Insel übersät ist, transportiert worden? Nein. Die Geleise führen nicht auf die Tempel zu.

Stammen die Rillen von Schlittenkufen, auf denen irgendwelche Lasten bewegt wurden? Nein. Schlittenkufen sind noch starrer als die Achsen von Rädern. Sie wären im Gewirr von Spurbreiten und schmalen Kurven hängengeblieben.

Haben die Ureinwohner von Malta ihre Lasten auf eine Art von Astgabel geladen und durch Zugtiere durch die Gegend zerren lassen? Nein. Die Astgabel war starr, sie änderte ihre Kratzspur nicht. Zudem müßten dann auch die Trampelpfade der Viecher, welche die Lasten zogen, im Kalksteinfelsen nachweisbar sein.

Erfanden die Urmalteser Fahrzeuge, die auf Kugellagern aus Stein rollten? Nein. Alle maltesischen Inseln bestehen aus Sand- und Kalksteinen oder Tonen, weichem Steinmaterial also. Schon eine Tonne Gewicht würde die Kugeln platt wie Pfannkuchen quetschen.

Was alles ist noch diskutiert worden! Die ›Geleise‹ seien ein Kult, ein Kalender, ein Leitungssystem für Wasser, eine Schrift und so weiter! Es gibt eine Fülle von Spekulationen, doch wenn man nur ein bißchen an der Oberfläche der schönen Fassade kratzt, ist der Lack ab, und die ganze Fadenscheinigkeit gähnt einen an. Wie schon gesagt, Freunde, die Geleise laufen an manchen Küstenabschnitten zielstrebig ins blaue Wasser des Mittelmeeres! So in der St. George's Bay und südlich der Küste von Dingle. Andere Geleise enden jäh an einem steil abfallenden Riff. An diesen Stellen muß der Felsen mitsamt den Geleisen abgerutscht sein.

In der Fachliteratur las ich, die Geleise von Malta seien in der Bronzezeit entstanden. Das ist unmöglich! Dann müßten die Geleisebauer intelligente Fische gewesen sein. Oder bastelten sie sich vielleicht Taucheranzüge aus Bronze – mit Schnorcheln, hölzernen Luftpumpen und Klarsichtscheiben? Das ist wirklich lächerlich!

Ich will euch ganz klar sagen, was ich davon halte: Die Unterwassergeleise müssen entstanden sein, als der Meeresspiegel noch niedriger lag: Wo heute Wasser ist, war damals keines. Ob in Lixus, ob bei Cadiz, ob in Malta oder hier in der französischen Bretagne. Die Dolmen und Menhire unter Wasser sind der knallharte Beweis. Es führt kein Weg daran vorbei. Nach der letzten Eiszeit schmolzen die Gletscher und große Teile des Polareises. Der Meerwasserspiegel hob sich – ob im Atlantik oder im Mittelmeer –, und die einstmals auf dem Trockenen liegenden Anlagen versanken in den Fluten!«

Die Gruppe hatte atemlos zugehört und die Fotografien, welche Mark zirkulieren ließ, betrachtet. Bevor Sven eine Frage stellen konnte, hakte Hausi dazwischen.

»Wo bleibt eigentlich die Funkmeldung von Ralf und Cornelia? Seit dem letzten Kontakt sind nahezu drei Stunden verstrichen«, sagte er.

»Wir können doch auch funken«, bemerkte Andy. »Gebt mir das zweite Gerät, ich gehe auf die Straße und rufe die beiden an.«

Als er vor dem Fenster des Restaurants stand, konnte Sven endlich seine Frage loswerden:

»Wann war denn das, dieses Abschmelzen des Eises?«

»Klimaforscher haben vor einigen Jahren festgestellt, daß sich vor 10700 Jahren eine abrupte Klimaveränderung vollzogen hat. Nicht etwa gemächlich, wie man es sich vorgestellt hatte, sondern innerhalb weniger Jahrzehnte muß sich die Lufttemperatur über Grönland um volle sieben Grad Celsius erwärmt haben. Diese plötzliche Klimaveränderung ließ sich nicht nur klipp und klar aus den Eisbohrkernen feststellen, die man analysiert hat, sondern sie fand ihre Bestätigung auch an vergleichsweise untersuchten Calcit-Sedimenten in der Schweiz. Dieses Datum ist festgenagelt, und keine psychologischen Barrieren oder Schöngeisterei können daran etwas ändern. Schon vor über 10700 Jahren müssen Megalithiker gewirkt haben. Ob es ins archäologische, politische oder religiöse Weltbild paßt oder nicht. Seither können sich zwar sogenannte ›kleine Zwischeneiszeiten‹ gebildet haben, doch reichte ihr Schmelzwasser niemals, um beispielsweise den Dolmen von Pil Coa 25 Meter unter Wasser versinken zu lassen. Auch in Malta haben Taucher die Unterwassergeleise noch in über 70 Metern Tiefe nachweisen können!«

Mark hatte sich regelrecht in Rage geredet. Kleine Schweißperlen glitzerten auf seiner Stirne. Andy kam mit dem Funkgerät ins Restaurant zurück.

»Ich kriege keinen Kontakt mit den beiden«, sagte er enttäuscht. »Vielleicht ist ihre Batterie leer.«

Hausi stand auf. »Laßt uns zahlen und gehen«, bat er ungeduldig. »Irgend etwas stimmt hier nicht. Es ist weder Cornelias noch Ralfs Art, eine Abmachung nicht einzuhalten. Wir hatten vereinbart, daß sie sich jede Stunde einmal kurz melden sollten. Auch eine Batterie hört nicht plötzlich auf. Ralf hätte eine neue gekauft. Los, wir müssen sie suchen!«

Auch Vater Wehner schüttelte den Kopf. Er kannte seinen Sohn und wußte, daß Ralf einen Weg gefunden hätte, mit ihnen in Verbindung zu treten. Was hatte Ralf beim letzten Kontakt gesagt? Sie seien an der Küste vor dem Inselchen Gavrinis. Dorthin mußte man.

Mark dirigierte den VW-Bus über unzählige Kreuzungen und Sträßchen, als ob er hier aufgewachsen wäre. Dann standen sie an der Küste, direkt vor ihnen, nur einige hundert Meter entfernt, die beiden Inselchen Gavrinis und Er Lannic. Von Ralf und Cornelia keine Spur. Sie versuchten es erneut mit dem Funkgerät, ersetzten sogar ihre Batterien. Doch es kam keine Antwort.

Mark beruhigte die besorgten Väter: »Hier verschwindet niemand sang- und klanglos. Macht euch nur keine Sorgen. Vielleicht haben sich die beiden verirrt und gerieten außerhalb der Reichweite ihres Funkgerätes. Oder sie ließen das Funkgerät irgendwo liegen, vergaßen es und suchen nun den Standort wieder. Vielleicht haben die beiden auch ein Taxi gefunden und sind ins Hotel nach Auray gefahren. Fahrt auch dorthin. Ich habe hier noch einiges zu tun und komme später nach.«

Nachdem die Gruppe im VW-Bus weggefahren war, verhandelte Mark mit einem Fischer, der auf einem Stein saß und seine Netze säuberte. Mark sprach fließend Französisch und wurde rasch handelseinig. Der Fischer ließ die Netze liegen, half Mark ins kleine Boot mit einem Außenbordmotor und verlud auch noch die beiden schwarzen Koffer, die Mark stets umgehängt hatte. Das Boot nahm Kurs auf Gavrinis, vorbei am Inselchen Er Lannic, vorbei an den Menhiren, die, immer kleiner werdend, unter dem Wasserspiegel verschwanden. Beim Bootssteg des Inselchens verabschiedete sich Mark vom Fischer und bat ihn, in drei Stunden wieder an derselben Stelle zu sein. Mark hängte die Tragriemen seiner schweren Koffer um die Schultern und marschierte los.

Das Inselchen Gavrinis ist nur 750 Meter lang und 400 Meter breit. Der winzige Felsenklecks im Wasser ist von Bäumen umrandet, moosartiges Gras und überall wuchernder Stechginster dämpfen die Schritte, als ob ein dicker Teppich ausgelegt sei, der gerade in ein Heiligtum führt. Zielbewußt schritt Mark auf den höchsten Punkt der Insel zu, dort stand der Riesendolmen von Gavrinis. Mark war schon mehrmals hier gewesen, er wußte, daß er dem Geheimnis dieses Dolmens und vielleicht dem Geheimnis der ganzen Steinsetzungen in der Bretagne auf der Spur war. Er vermutete die Lösung hier im Dolmen von Gavrinis. Mark hatte schon ganze Nächte im Dolmen verbracht, denn nur abends und nachts wurde man nicht von neugierigen Touristen gestört.

Während er seine Koffer vor dem Eingang abstellte, dachte Mark flüchtig daran, daß auch der Dolmen von Gavrinis entstanden sein mußte, bevor das Eis der letzten Eiszeit geschmolzen war. Die verwendeten Monolithen waren viel zu gewaltig, als daß man sie auf

Flößen hätte transportieren können. Die von Monolithen abgedeckte Galerie des Dolmen mißt 13,10 Meter, dann folgt ein sogenanntes »Heiligtum« von 2,60 Metern Länge und 2,50 Metern Breite. Diese Kammer wird von sechs mächtigen Platten gebildet, darüber liegt ein gigantischer Deckenstein mit den Maßen 3,70 mal 2,50 Meter. Insgesamt sind für den eigentlichen Dolmen 52 Monolithen verbaut worden, wovon genau die Hälfte – 26 – mit seltsamen Gravuren übersät sind. Da findet man Spiralen und Kreise, dann eigenartige Furchen, die sich am ehesten mit Fingerabdrücken vergleichen lassen, und in all dem Wirrwarr einen Monolithen mit Darstellungen, die an Äxte oder spitz zulaufende Steinfäustlinge erinnern.

Der Eingang zum Dolmen war durch ein Gitter verschlossen, doch Mark besaß einen Nachschlüssel. Er nahm eine neue Schachtel mit Kerzen und verteilte sie überall im dunklen Schacht. Das Kerzenlicht reflektierte gespenstisch an den unebenen Dolmenwänden. Die bizarren Einfurchungen warfen je nach Lichteinfall kuriose Schatten an die Wände. Mark kniete auf den Boden und holte aus dem Koffer einen kleinen tragbaren Computer, einen sogenannten »Laptop«. Noch während er die ersten Zahlen eintippte, schien ihm, als ob irgend jemand um Hilfe rufe. Verwirrt stand er auf, schritt auf den Eingang des Dolmens zu. Da war es wieder: »H-i-l-f-e!« schrie jemand in deutscher Sprache. Augenblicklich erinnerte sich Mark an Cornelia und Ralf. Aber wo konnten sie sein? Mark lauschte einige Zeit, die Rufe waren verstummt. Er lief um die ganze Insel herum. Da war nichts. Er war der einzige Mensch auf Gavrinis. Plötzlich hörte er es wieder, die Stimme ertönte von der Nachbarinsel Er Lannic, die nur einen guten Steinwurf entfernt lag. Da ein sehr starker Wind blies, kamen die Hilferufe nur in abrupten Fetzen an. Mark kletterte auf den Dolmen und blickte angestrengt nach Er Lannic hinüber. Dann formte er einen Trichter mit den Händen und schrie in der Windrichtung: »R-a-l-f! W-o s-e-i-d i-h-r!« Er zog seine hellblaue Windjacke aus und benutzte sie als Fahne, die er über dem Kopf schwang. Endlich, er wollte schon aufgeben, sah er auf der Nachbarinsel eine schlanke, hochgewachsene Gestalt in dunklen Jeans und einem senfgelben Hemd. Das mußte Ralf sein. Was machte er nur dort drüben, und wie war er überhaupt auf die Insel Er Lannic geraten? Das Inselchen war in Privatbesitz und zugleich ein Vogelschutzgebiet. Es war nicht erlaubt, die Insel zu betreten. Da, endlich, erblickte auch Ralf die winkende Gestalt von Mark und winkte mit einem Taschentuch zurück. Beide versuchten, sich zuzurufen, doch der Wind, der immer stärker aufdrehte, zerblies ihre Rufe in ein unhörbares Gestammel. Mark erinnerte sich, daß er in einer kleinen Bucht schon mal ein altes Ruderboot gesichtet hatte. Er suchte die Stelle auf, das Boot war da – aber leck und ohne Riemen, zu allem Unglück auch noch halb mit Wasser gefüllt. Mark hastete in den Dolmen zurück, holte aus dem Deckel des zweiten Koffers das dünne Nylonseil und rannte wieder zur Bucht. Die Strömung war günstig, sie zog geradewegs auf Er Lannic zu. Mark, der sich immer zu helfen wußte, benutzte seine Schuhe als Schaufeln und schöpfte damit das Wasser aus dem Boot. Dann zerrte er es an die richtige Stelle, befestigte das Seil an einem Baum, sprang mit dem größeren Rest des Seiles ins Boot und ließ sich auf das Nachbarinselchen zutreiben. Das Seil reichte bis einen Meter vor das Ufer. Mark verknotete das Seilende am kleinen Vorsteven und sprang ins Wasser. Ralf erwartete ihn schon.

»Gott sei Dank! Dich schickt der Himmel!«

»Wo ist Cornelia?«

»Die liegt dort drüben, sie hat sich den Knöchel verstaucht oder gebrochen.«

»Dann laß uns sie holen!«

Mark untersuchte den Knöchel. Auch wenn er kein Arzt war, begriff er rasch, daß der Knöchel nicht gebrochen war. Das Mädchen brauchte dringend einen Druckverband.

»Komm, Cornelia! Steh auf einem Fuß und stütze dich auf uns. Wir bringen dich zum Boot.«

Im Ruderboot war schon wieder Wasser. »Scheiß-Kahn!« schimpfte Mark und wiederholte die Prozedur mit den Schuhen. Dann half er Cornelia auf die einzige Bank und befahl Ralf, sich im Vorsteven hinzuknien. Er selbst kniete daneben, und beide Männer zogen gleichzeitig mit voller Kraft am Seil. Das Boot stemmte sich gegen die Strömung, Mark und Ralf ächzten, denn das Seil schnitt in die Hände. Trotz der Schmerzen im Knöchel schaufelte Cornelia mit vollen Händen das immer wieder eindringende Wasser aus dem

Boot. Langsam näherten sie sich dem Inselchen Gavrinis. Dort angelangt, humpelten sie mit Cornelia in den großen Dolmen. Mark schien für alle Notfälle ausgerüstet zu sein. Er faltete ein rechteckiges Tuch zu einem Dreieck zusammen und verband Cornelias Knöchel fachgerecht. Dann gab er ihr eine schmerzlindernde Tablette. Während der Arbeit schilderte Ralf, was passiert war.

Als sie an der Küste warteten, sei ein junger Mann mit einem Ruderboot gekommen und habe sie gefragt, ob sie sich die Menhire und den Steinkreis unter Waser ansehen wollten. Sie seien eingestiegen, und der Fremde habe sie auch hingerudert. Dann habe er gefragt, ob sie auch die Menhire an Land sehen wollten. Er habe sie zu einem Bootssteg gerudert, ihnen sogar beim Aussteigen geholfen und gesagt, er warte dort. Doch als sie nach zwanzig Minuten an dieselbe Stelle zurückkehrten, seien der Mann und das Boot verschwunden gewesen...

»Und im Boot war das Funkgerät!« ergänzte Mark.

»Ja«, bestätigte Ralf niedergeschlagen. Er sagte, sie seien von Vögeln regelrecht angegriffen worden, und dabei sei Cornelia gestürzt. Er habe sich überlegt, ob er an Land schwimmen sollte, um Hilfe zu holen, doch die Strömung sei ihm nicht geheuer gewesen.

»Jetzt macht euch mal keine Sorgen mehr«, beruhigte Mark. »Mit dem kleinen, lecken Boot ohne Ruder kommen wir nie an Land. Die Strömung würde uns aufs offene Meer hinaustreiben, und das wäre bei diesem Wind und dem lausigen Boot lebensgefährlich. Doch« – Mark blickte auf die Uhr – »in etwa anderthalb Stunden werde ich hier abgeholt. Bis dahin könnt ihr mir gleich helfen, meine Arbeit geht dann schneller voran.«

Erst jetzt wurden sich Ralf und Cornelia bewußt, in was für einer gespenstischen Umgebung sie sich befanden. Überall flackerten die Reste von Kerzen, und Mark war eben dabei, neue Kerzen anzuzünden.

»Was soll denn der Computer hier?« staunte Ralf.

»Hinter diesen Gravuren, ›Fingerabdrücken‹ und seltsamen, spitz zulaufenden Zeichen steckt eine mathematische Botschaft«, antwortete Mark. »Eine jahrtausendealte Mitteilung. Zeitlos und unzerstörbar angelegt. Auf diese Idee kam ich übrigens nicht als erster. Ein berühmter Mann hat darüber schon geschrieben. Ich möchte nur kontrollieren und nachrechnen und den richtigen Schlüssel finden. Deshalb verbrachte ich schon Nächte hier drin. Ich bitte dich, Ralf, zähle alle Furchen auf jedem Stein, den ich dir angebe, sehr genau. Die Zahlen tippe ich in den Computer. Cornelia soll ruhig liegenbleiben.«

Die Arbeit begann. Ralf zählte die Furchen der »Fingerabdrücke«, rief Mark die Zahlen zu, der tippte sie in den Computer und ließ ihn alle möglichen Kombinationen durchrechnen. Als sie zu dem Monolithen mit den spitz zulaufenden »Steinfäustlingen« kamen, rief Ralf: »Achtzehn dieser Gravuren in drei übereinanderliegenden Reihen!«

»Der wievielte Monolith ist das eigentlich?«

Cornelia, die trotz ihrer Verletzung mithelfen wollte, hüpfte auf einem Bein von Stein zu Stein.

»Der einundzwanzigste«, antwortete sie.

»Achtzehn Gravuren auf dem einundzwanzigsten Monolithen«, sagte Mark nachdenklich. »Achtzehn...? Einundzwanzig...? das ergibt einfach keinen Sinn.«

Cornelia war wieder zum Eingang des Dolmen gehüpft. Dort ließ sie sich im unruhigen Flackerschein der Kerzen auf den Boden nieder. Draußen tobte der Wind, die Sonne stand immer noch am Abendhimmel, doch hier drinnen herrschte eine dumpfe, muffige Atmosphäre. Die Schmerztablette begann zu wirken, und Cornelia geriet in einen Traumzustand. Plötzlich hatte sie das Gefühl, die Monolithen würden vom Eingang her auf sie zutanzen. Im Licht- und Schattenspiel glaubte sie, verzerrte und dann wieder schäbig grinsende Gesichter zu erkennen. Dann baute sich einer der tanzenden Monolithen direkt vor ihr auf, als ob er ihr den Weg versperren, sie erdrücken wollte. Cornelia schrie auf! Ralf und Mark rannten herbei. Das Mädchen war blaß. Mit vor Schreck geweiteten Augen starrte sie auf einen Monolithen.

»Conny! Komm zu dir! Was ist denn los?« Ralf streichelte ihr Gesicht. Cornelia schüttelte einige Male den Kopf und lächelte dann.

»Ich muß wohl geträumt haben«, sagte sie. Dann blickte sie zu Mark und sagte mit einem erwartungsvollen Unterton in der Stimme: »Ist dir eigentlich schon aufgefallen, daß die ersten fünf Monolithen, vom Eingang her gezählt, keinerlei Gravuren aufweisen? Erst der sechste Monolith zeigt eine einzige Gravur, einen ›Fingerabdruck‹. Sonst nichts.«

Mark starrte sie an, als ob er ein Gespenst sehe. Dann wanderte sein Blick zum sechsten Monolithen. Der war etwas kleiner als alle andern und stand zudem noch auf einem steinernen Podest. Wie ein flinkes Wiesel kroch er auf allen vieren zum Computer und tippte irgend etwas in die Tastatur. Auf dem Bildschirm tauchten stumme Zahlenkolonnen auf, verschwanden, um neuen Kombinationen Platz zu machen.

»*Heureka!* – Ich hab's!« schrie Mark wie von Sinnen. Er hüpfte im Dolmen herum, als sei er betrunken, dann schlug er Purzelbäume, landete vor Cornelia und küßte sie mehrmals auf die Stirn.

»Der Schlüssel! Mädchen, du bist ein Goldschatz! Der sechste Stein! Das war der Geheimcode! Die Vorfahren, die uns vor Jahrtausenden ihre Botschaft zurückließen, haben auch den Schlüssel mitgeliefert. Versteht ihr denn nicht? Sie signalisierten mit dem sechsten Stein: Rechnet im Sechsersystem!«

Mark konnte sich kaum beruhigen, die beiden Jugendlichen hingegen begriffen überhaupt nichts. Mark vertröstete sie, er würde im Hotel alles erklären. Jetzt müßten sie dringend zusammenpacken. Der Fischer müsse jeden Augenblick auftauchen.

Zwei Stunden später im Hotel von Auray. Es hatte ein Riesenhurra gegeben, als Mark und die beiden Jugendlichen auftauchten. Ein Arzt wurde gerufen, der Cornelias Knöchel fachgerecht verband. Nach dem Nachtessen baute Mark seinen tragbaren Computer auf und bestellte für die ganze Runde Champagner. Er bat den Wirt, Kerzen aufzustellen und die großen Lichter zu löschen. Mark liebte die Stimmung, er genoß es, die Spannung anzuheizen. Als er endlich zu reden begann, tat er es in ruhiger Stimmlage – wie ein Professor, der seinen Schülern das Rechnen beibringt.

»Wie ihr alle wißt, haben wir Menschen viele Satelliten ins Weltall geschickt. Darunter sind vier frühere Satelliten, welche dazu bestimmt waren, unser Sonnensystem zu verlassen. Es waren dies die Weltraumsonden mit den Namen ›Voyager 1‹ und ›2‹ sowie ›Pioneer

10‹ und ›11‹. Alle diese Weltraumsonden haben inzwischen mehr als fünf Milliarden Kilometer zurückgelegt und unser Sonnensystem verlassen.

An Bord der ›Voyager‹-Sonden befindet sich auch eine Video-Diskette mit einem eigenartigen, farbigen Umschlag. Der zeigt einen Kreis, ein paar Zickzacklinien, eine gerade Strecke, dann so etwas wie Strahlenfinger und schließlich noch zwei kleine Kreise, die mit einem Strich untereinander verbunden sind. Hier ist das Bild, schaut es euch gut an.

Für die beiden ›Pioneer‹-Sonden ließ man sich etwas Neues einfallen: Man nahm eine vergoldete Aluminium-Plakette in den Maßen 15,29 mal 29 mal 1,27 Zentimeter und ritzte ein Bild darauf. Am Fuße der Platte wurde unser Sonnensystem mit den neun Planeten dargestellt, die Entfernungen der Planeten zur Sonne signalisierte man im binären Zahlensystem, das ist die Sprache der Computer. Unten in der Plattenmitte wurde mit einem Strich und einem Bogen die Flugbahn der Weltraumsonde vorbei am dritten Planeten angezeigt. Darüber stehen ein nackter Mann und eine nackte Frau. Der Mann hebt die Hand zum Gruß. Die linke Hälfte der Plakette zeigt die Sonne, von der aus vierzehn Strahlenlinien in unterschiedlicher Länge ausgehen. Und schließlich fehlen auch hier die beiden Kreise nicht. Prägt euch das Bild ein, Freunde, und folgt mir bei meinen Überlegungen.«

Hausi räusperte sich: »Bis jetzt war ja auch alles ganz einfach. Ich weiß nur nicht, auf was du hinauswillst. Du redest von irgendwelchen Weltraumsonden, aber uns geht's um steinerne Rätsel.«

»Moment! Rom ist auch nicht an einem Tag erbaut worden! Ich will euch gleich erklären, daß zwischen den steinernen Rätseln und den Weltraumsonden sehr wohl eine Verbindung besteht.«

»Da bin ich aber gespannt«, prustete Andy los, der sich beinahe an einer Olive verschluckt hätte. Mark verschränkte die Arme und blickte erwartungsvoll in die Runde, ehe er fortfuhr.

»Was war der Zweck dieser Zeichnungen, die wir ins Weltall geschickt haben? Unsere Wissenschaftler taten es, weil sie damit rechnen, daß die Sonden irgendwann, vielleicht erst in zweitausend oder in zehntausend Jahren, von intelligenten Wesen im Weltall aufgefischt werden. Dann werden die Außerirdischen die Weltraumsonden auseinandernehmen und entweder das Bild auf der Video-Diskette oder die vergoldete Aluminium-Plakette finden. Wenn die Außerirdischen clever genug sind, werden sie augenblicklich den Schlüssel erkennen, mit dem sich die Bilder entziffern lassen...«

»Stopp!« fuhr Sven dazwischen. »*Was* für einen ›Schlüssel‹?«

»Recht hast du!« Mark lachte aus vollem Halse. »Deshalb bat ich euch, die beiden Bilder sehr genau anzusehen. Schaut noch mal hin – was könnte der Schlüssel zur Entzifferung der Botschaft sein?«

Vater Wehner deutete auf die beiden Kreise, welche durch einen Strich verbunden sind. »Mir fällt folgendes auf: Auf jedem Bild gibt es zwei Darstellungen, die auch auf dem anderen Bild vorkommen. Da sind einmal diese Strahlenfinger und dann die beiden Kreise, die durch einen Strich verbunden sind. Die Strahlenfinger können kaum der Schlüssel sein. Wer soll daraus schlau werden? Doch die beiden Kreise? Was haben sie für eine Bedeutung?«

»Genau das ist es!« gratulierte Mark. »Die beiden mit einem Strich verbundenen Kreise stellen je ein Wasserstoffatom dar. Man weiß, daß Wasserstoff im gesamten Universum vorkommt. Zwei Wasserstoffatome ergeben ein Wasserstoffmolekül, das schreibt man so: ›H_2‹.« Er malte es auf einen Zettel. »Nun ist die Wellenlänge des Wasserstoffmoleküls im ganzen Universum die gleiche. Wer also den ›Schlüssel‹, das Wasserstoffmolekül, begriffen hat, kann damit alle Daten auf der Zeichnung entziffern. Es lassen sich die richtigen Distanzen der Planeten in unserem Sonnensystem ablesen, der Herkunftsort der Weltraumsonde, das Abschußdatum, und wenn man will, sogar die Körpergröße der Frau mit 162,4 Zentimetern. Dabei spielt es keine Rolle, ob außerirdische Wesen in Zentimetern oder irgendeinem anderen Maßstab rechnen. In ihrem Wert kommen sie auf dieselben Resultate. Habt ihr das verstanden?«

Die Jungen nickten, nur Cornelia plagte sich mit anderen Gedanken herum. Fast lauernd erkundigte sie sich:

»Was geschieht aber, wenn diese Weltraumsonde in eine Zivilisation hineinplatzt, die nichts von der Wellenlänge eines Wasserstoffmoleküls weiß? Werden die unbekannten Brüder im All unsere vergoldete Plakette dann als außerordentliches Geschenk irgendwelcher Götter hoch droben aus dem Himmel betrachten? Werden sie ihren Kindern vielleicht beibringen, ähnliche Bilder zur Verehrung der himmlischen Wesen nachzumalen?«

Und Ralf ergänzte etwas spöttisch: »Oder werden sie Kopien anfertigen und in ihren Tempeln aufstellen? Werden sie die unverständlichen Zeichen in Felswände ritzen und verehren? Oder auf große Steine ritzen und in ihren Heiligtümern aufstellen?«

»Und«, ergänzte Mark mit ernstem Gesicht, »werden dann außerirdische Archäologen und Historiker auch behaupten, es müsse sich um künstlerische Ornamentik handeln? Um kindische Symbole, um zufällig entstandene Rillen oder um irgendein Ritual?«

Jetzt dämmerte den Jungen und den Alten, auf was Mark hinauswollte. Aber – der Gedanke war ungeheuerlich – sollten die Steinalleen und die Gravuren im Dolmen von Gavrinis eine Botschaft sein? Eine Botschaft von *wem?* Wie wollte Mark das beweisen? Der tippte lässig einige Zahlen in den Computer und sagte wie nebenbei:

»Gavrinis und die megalithischen Anlagen hier sind eine mathematische Botschaft, zeitlos und gültig für jede Generation, die rechnen kann. Die Absender der Botschaft waren Wesen, die vor vielen Jahrtausenden auf der Erde lebten. *Wir* haben unsere Aluminiumplaketten in den Weltraumsonden mit Gold beschichtet, *damit* sie Jahrtausende überleben. Die Konstrukteure von Gavrinis deponierten *ihre* Mitteilung in einem künstlichen Hügel, hergestellt aus zyklopischen Megalithen und abgedeckt mit Tonnen von Gestein, *damit* sie Jahrtausende überlebt. Dies alles in einer Gegend, die mit megalithischen Zaubereien geradezu gepflastert ist! Irgendwann in der Zukunft *mußten* die Menschen auf die eigenartigen geometrischen Verbindungen stoßen, auf die pythagoreischen Dreiecke, auf die sich stets wiederholenden Winkel und Streckenmaße. Und damit auch auf das Inselchen Gavrinis und den gewaltigen Dolmen, der mitten drin im geometrischen Verwirrspiel steht.

Schaut, Freunde, die Zählung beginnt dort, wo in der Mathematik alles beginnen muß, bei eins. Auf diesen ›Schlüssel‹ brachte mich übrigens Cornelia. Vom Eingang aus gezählt, muß der sechste Stein rechts besonders ins Auge springen. Er ist kleiner als alle anderen, ein bißchen erhöht, und er zeigt die Gravur eines einzigen ›Fingerabdruckes‹. Es ist der einzige Stein mit nur *einem* Zeichen. Alle anderen weisen entweder gar keine Gravuren auf oder dann gleich mehrere. Mit dem sechsten Stein und dem einzigen Zeichen darauf sollte uns signalisiert werden: Die kleinste Einheit ist sechs.

Ralf, erinnerst du dich an den Stein Nummer einundzwanzig? Was war darauf?«

Ralf überlegte kurz. »Da waren achtzehn spitz zulaufende ›Steinfäustlinge‹ in drei übereinanderliegenden Reihen.«

»Prächtig!« Mark nickte. »Achtzehn ist auch gleichzeitig drei mal sechs. Multipliziert man 3 mal 4 mal 5 mal 6, so ergibt das 360, oder 60 mal 6. Die Achtzehn wiederum, die Anzahl der ›Steinfäustlinge‹, ist der zwanzigste Teil von 360. Die Zahl ist zudem der Gradumfang eines geschlossenen Kreises.«

Jetzt redeten alle durcheinander. Die Wangen der Jungen röteten sich vor Begeisterung, die der Männer vielleicht vom vielen Champagner. Mark bat um Ruhe und fuhr dann fort:

»Das ist erst der Anfang! Die *kleinste* Einheit ist die Sechs, die nächst größere ist die Zehn, unser Dezimalsystem. 3, 4, 5 und 6 hintereinandergeschrieben, liest sich im Dezimalsystem 3456. Die Ziffer ist auf dem 21. Monolithen eingraviert. Hier, schaut auf den Bildschirm: 3456 geteilt durch 21 ergibt 164,57. Dies wiederum entspricht dem Umfang eines Kreises mit einem Durchmesser von 52,38 Metern. Was geschieht bei der Teilung der beiden Zahlen? Es kann nichts anderes herauskommen als: 164,57 : 52,38 = 3,14.«

»Wauumm!« rief Ralf und klopfte auf den Tisch. »3,14 ist die berühmte Ludolfsche Zahl π – gesprochen: Pi. Sie zeigt das Verhältnis des Kreisumfanges zu seinem Durchmesser.«

»Ich freue mich über deine Kenntnisse in der Geometrie«, warf Vater Wehner etwas verlegen dazwischen. »Aber bei der Rechnung konnte gar nichts anderes herauskommen als das Verhältnis des Kreisumfanges zum Durchmesser.«

Mark schüttelte den Kopf: »Du vergißt, daß wir nur auf die Zahl 164,57 gekommen sind, weil wir 3456 durch 21 teilten. Der Ausgangspunkt dazu waren die steinernen Tatsachen! Zudem – und jetzt paßt gut auf! – betrug der Kreisdurchmesser 52,38 Meter. Auf 52

Grad und 38 Minuten genau liegt der südliche Azimut am Tag der Sommersonnenwende für die Position von Gavrinis!«

Vater Wehner bekam einen roten Kopf. »Aber Mark, sei mir nicht böse, die Gradeinteilung ist doch eine Erfindung der Neuzeit. Vor Jahrtausenden rechnete man doch nicht in unseren Graden!«

»Irrtum! Die Gradeinteilung ist uralt. Sie stammt von den Sumerern, die um 4000 vor Christus zwischen Euphrat und Tigris lebten. Die Sumerer wollen die Unterteilung des Kreises und der Kugel in 360 Grad von irgendwelchen himmlischen Lehrmeistern gelernt haben. Nur unsere Wörter ›Grad‹ und ›Minute‹ stammen aus unserer Zeit. Die Zahlen waren schon immer dieselben. Ja – und wenn ich schon dabei bin:

Die Anzahl der Megalithen und ihre Position müssen Absicht gewesen sein, denn drei auffallende Gruppen sind ins mathematische System von Gavrinis eingebaut:

1. die rechte Gangreihe mit zwölf Steinen
2. das ›Heiligtum‹ mit sechs Steinen
3. die linke Gangreihe mit elf Steinen.

Die ersten beiden Zahlen 12 und 6 passen ins Schema, die Addition ergibt 18, und genauso viele ›Steinfäustlinge‹ sind auf dem 21. Monolithen festgehalten. Was aber sollen die Monolithen auf der linken Gangreihe? Die Ziffer 11 paßt überhaupt nicht in eine Sechserreihe.«

Angespannt starrten die Jungen auf den Bildschirm, auf dem wie durch Zauberei immer wieder neue Kombinationen aufleuchteten. Hausi und Vater Wehner blieben sprachlos, sie hatten Mühe, die unheimlichen Zahlenkolonnen, die aus einer jahrtausendealten Vergangenheit auf sie zukamen, zu verdauen. Nur Mark blieb gelassen, er hatte sich schon wochenlang mit dem Problem auseinandergesetzt. Nach einem kleinen Rülpser fuhr er fort:

»Die Grundzahl auf dem 21. Monolithen betrug 3456. Kann die Elf, die nirgendwo hineinpassen will, damit etwas anfangen? Teilen wir doch mal 3456 durch 11. Das Resultat ist wieder 314,18. Erneut die π-Zahl-Kombination!

Die Absender der Zahlenbotschaft von Gavrinis haben an alles gedacht! Egal, in welchem Rechensystem zukünftige Generationen arbeiten, eine intelligente Spezies würde auf jeden Fall über die Lösung stolpern. Doch – schaut her – in die Zahlenfülle von Gavrinis ist nicht nur die Zahl π integriert, sondern auch der pythagoreische Lehrsatz, die Zahl der synodischen Mondumlaufbahn, die Kugelgestalt der Erde, die exakten Erdentage um die Sonne... und... und...«

»Hör auf! Mir wird ganz schwindlig!« protestierte Hausi, und Vater Wehner schloß sich an. »Aus vielen Steingravuren, Furchen, ›Fingerabdrücken‹ und ›Steinfäustlingen‹ muß schließlich irgend etwas Brauchbares herauskommen.«

»Da hast du nicht unrecht«, pflichtete Mark gelassen bei. »Doch bin ich nicht der erste, der hinter dieses Zahlengeheimnis kam. Ein berühmter Kenner der Bretagne und offenbar ein Mathematikgenie mit dem fürchterlichen Namen Gwenc'hlan Le Scouëzec hat den Zahlentresor schon vor mir geknackt. Er schloß seine beachtliche Leistung mit folgenden Worten.« Mark las vor:

»Es ist durchaus möglich, daß in der Vielzahl von Berechnungen einige weniger gesichert sind als andere, die nun wirklich entscheidende Bedeutung aufweisen. Andrerseits gibt es zu viele Übereinstimmungen, als daß die entscheidenden Gemeinsamkeiten zufällig entstanden sein können.«

Mark blickte triumphierend in die Runde. »Das ist es, Freunde! Auch wenn Genosse Zufall mitspielt, ist er nicht für alles verantwortlich! Schließlich sind die pythagoreischen Dreiecke im Gelände, die immer wiederkehrenden Distanzen von 2680 Metern und die stets gleichen Winkel von 60 Grad auch nicht durch Zufall entstanden. Hier, in der Bretagne, liegt eine buchstäblich ›monumentale Botschaft‹ vor uns. Wir müssen bescheiden werden und umdenken. Unsere steinzeitlichen Vorfahren können nicht die fellbehangenen Trottel gewesen sein, für die wir sie hielten.«

Cornelia, Ralf, Sven und Andy nahmen jeder einen großen Schluck Mineralwasser, das mit prickelndem Champagner aufgefüllt war. Derart gestärkt erkundigte sich Cornelia:

»Und was ist mit den Linien, die sich über ganz Europa ziehen, was mit den alten Karten, die ich fast vor der Haustür in Spiez fand?«

Mark schob den Computer zur Seite und blickte mit ernsten Augen in die Runde.

»Das Liniensystem stammt aus der Steinzeit. Einst muß es uralte Karten gegeben haben, auf denen es verzeichnet war. Der Unbekannte, der die Linien auf deine Karten zeichnete, muß aus irgendwelchen Quellen, die wir nicht mehr nachprüfen können, darüber Bescheid gewußt haben. Vielleicht besuchte er den einen oder anderen Punkt im damaligen Europa, als die Reiserei noch nicht so leicht vonstatten ging wie heute. Entweder wurden ihm die Karten gestohlen, oder er verstarb, und sie gerieten nach seinem Tod in den Jutesack. Wie der Sack in den Boden kam, ist heute nicht mehr feststellbar, weil alle damals Beteiligten tot sind. Immerhin hast du durch deinen Fund die hier Anwesenden – mit Ausnahme von mir – auf die Suche nach den Linien und damit auch auf die Spur der steinzeitlichen Megalithbaukunst gebracht.«

»Und die Linien?« fragte Sven gespannt. Er war aufgedreht, als wolle er jeden Augenblick explodieren. »Wir haben doch einige kontrolliert! Wie kamen die zustande?«

Alle Anwesenden hingen geradezu an Marks Lippen. Was würde er antworten? Kannte er die Lösung?

Mark blieb ganz cool.

»Es gab eine Zeit, wir wissen nicht, wann es war, da ist die Erde von außerirdischen Lehrmeistern besucht worden. Diese ›ETs‹ unterwiesen die Menschen. Unsere Vorfahren konnten nicht verstehen, wer diese Außerirdischen waren. Deshalb wanderten die Beschreibungen über diese außerirdischen Besucher in die alten Überlieferungen, in die Sagen- und Mythenwelt, doch teilweise auch in die alten Religionen ein. Dort könnt ihr immer wieder von ›himmlischen Lehrmeistern‹ lesen, die mit ›Rauch, Feuer, Lärm‹ vom Firmament stiegen. Es gibt sogar altindische Beschreibungen über diese Außerirdischen, die recht präzise sind. Ich habe in mehreren Büchern viel darüber gelesen. [29, 30, 31, 32] Von diesen Lehrmeistern stammen die ursprünglichen Linien. Am Anfang waren es ganz einfache Flugstrecken, unter denen die Menschen ihre Heiligtümer errichteten, später wurden die Linien auch zu Grenzmarkierungen.

Diese Außerirdischen wußten, daß es sehr lange dauern würde, sicherlich mehrere Jahrtausende, bis ihr Weg wieder in unser Sonnensystem führte. Sie wollten den Nachfahren jener Steinzeitmenschen, das wären wir, eindeutige Signale ihres Besuches hinterlassen. Vielleicht haben sie sogar mit Hilfe einer mathematischen Botschaft das Datum signalisiert, an welchem sie zur Erde zurückkommen werden. Nun frage ich euch: Was geht jahrtausendelang nicht kaputt? Was rostet und brennt nicht? Stein!

Die ›ETs‹ brachten unsere steinzeitlichen Vorfahren soweit, bestimmte Steinsetzungen zu errichten, die auch nach Jahrtausenden noch auffallen mußten. Viel später, als die fremden Raumschiffe längst wieder entschwunden waren, erstellten die Menschen zusätzlich zu den bereits vorhandenen Steinmalen noch andere Monumente, die nichts mehr mit der ursprünglichen Botschaft der ›Götter‹ zu tun hatten. Diese zusätzlichen Monumente erschweren heute die Lösung des gesamten Rätsels. Sie verwirren und verwässern auch die ursprüngliche Botschaft der ›ETs‹.«

Es war still geworden in der Runde. Jeder dachte vor sich hin. Hausi prostete den andern zum x-ten Male zu. Mit Ausnahme von Andy wurde jedem klar, daß die Einbeziehung von Außerirdischen in die menschliche Frühgeschichte zu dramatischen Konsequenzen führte. Schließlich sagte Vater Wehner nachdenklich:

»Deine Theorie erklärt einiges und läßt doch die entscheidende Lücke offen. Wenn Außerirdische vor Jahrtausenden die junge Menschheit beeinflußten, woher kamen sie dann? Wenn sie unseren Vorfahren so etwas wie ›Entwicklungshilfe‹ angedeihen ließen, ihnen meinetwegen ›Nachhilfestunden‹ in Mathematik und Geometrie erteilten, woher hatten dann die Außerirdischen ihr Wissen? Mit deiner Theorie, Mark, verschiebst du das Problem nur in ein anderes Sonnensystem. Anstatt den Besuch von ›ETs‹ zu unterstellen, kann ich mit demselben Recht behaupten, alles habe hier begonnen, und die geometrischen Kuriositäten seien aus einer langsamen und stetigen Entwicklung heraus entstanden.«

»Sicher kannst du das«, entgegnete Mark, und ein vielsagendes Lächeln umspielte seine Mundwinkel. »Dann aber schließt du die Augen vor den vorhandenen Tatsachen und fegst alle existierenden Hinweise radikal vom Tisch. Dann nämlich weigerst du dich, zur

Kenntnis zu nehmen, daß die frühen menschlichen Überlieferungen klipp und klar von den ›himmlischen Lehrmeistern‹ reden. Und daran kommt nun wirklich keiner vorbei. Dann ignorierst du beispielsweise die gerade Linie zwischen den dänischen Wikingerburgen und Delphi in Griechenland, was wiederum mit dem Gott Apollo verknüpft ist. Ich meine, die bisherigen Antworten lassen zu viele Fragen offen. Mit der Theorie von Außerirdischen hingegen paßt plötzlich alles unter einen Hut.«

»Bis auf die Außerirdischen selbst«, bemerkte Sven, der angestrengt mitgedacht hatte. »Woher kamen sie? Woher stammt ihr Wissen?« wiederholte er die Fragen seines Vaters.

Wieder einmal verschränkte Mark die Arme auf dem Tisch. Das tat er immer, wenn er besonders eindringlich sprach.

»Die Zeit ist eine gute Lehrmeisterin. Schade ist nur, daß sie alle ihre Lehrlinge umbringt. Das Universum ist riesengroß und die Zeit unendlich. Theoretisch könnten unsere Außerirdischen von anderen Außerirdischen ›befruchtet‹ worden sein und jene Außerirdischen wiederum von anderen... und so fort über Tausende von Sonnensystemen und Millionen von Jahren. Irgendwann aber sind wir am Ende der Kette, irgendwann hat die Stafette begonnen. Und spätestens dort werden wir mit jedem Respekt und mit jeder Religion festhalten müssen: Hier ist die unvergleichliche und grandiose Schöpfung. Hier ist, was der menschliche Verstand nicht mehr versteht und nicht mehr verkraftet. Hier ist der Ursprung, nämlich das, was die Menschen und vermutlich alle anderen denkenden Lebensformen im gesamten Universum mit demselben Namen belegen: Mit dem einzigartigen Wörtchen GOTT!«

Anhang

Literaturverzeichnis

[1] Christlein, Rainer, Braasch, Otto – *Das unterirdische Bayern. 7000 Jahre Geschichte und Archäologie im Luftbild*, Stuttgart 1986

[2] Mehrere Autoren – *Bildlexikon der Symbole*, München 1980

[3] Möller, Jens M. – »Überziehen auch den Enzkreis kultische Vermessungslinien?«, aus: *Pforzheimer Zeitung*, Nr. 216, 19. 9. 1987

[4] Möller, Jens M. – »Atlantis und die Geomantie von Karlsruhe«, aus: *Zeitschrift für Kosmosophie*, Nr. 3, 1987

[5] Krassa, Peter – »Wer sind die Herren der Ringe?«, aus: *Ancient Skies*, Vol. 15, Nr. 2/1991

[6] Delgado, Pat, Andrews, Colin – *Kreisrunde Zeichen*, Frankfurt 1990

[7] do. – *Die Zeichen mehren sich*, Frankfurt 1990

[8] Pflug, Hans-Dietrich – »Gedanken zum Ursprung des Lebens«, aus: *Umschau*, 1/1985

[9] O'Neill, Gerhard K. – *Unsere Zukunft im Raum*, Bern 1978

[10] Papagiannis, Michael D. – »The importance of exploring the asteroid belt«, aus: *Acta Astronautica*, Vol. 10, Nr. 10, S. 709–712, 1983

[11] Ruppe, Harry O. – *Die grenzenlose Dimension – Raumfahrt*. Band 1 und 2, Düsseldorf 1980 und 1982

[12] Hansson, Preben – *Und sie waren doch da*, München 1990

[13] Charpentier, Louis – *Santiago de Compostela*, Olten 1979

[14] Robins, G. V. – »The dragon stirs«, aus dem Heft *Alpha*, London, Juli/August 1979

[15] Atkinson, R. J. C. – *Was ist Stonehenge?*, Hrsg.: Departement of the Environment, 1980

[16] Hawkins, Gerald S. – *Stonehenge Decoded*, New York 1965

[17] Thom, A. – *Megalitic Sites in Britain*, Oxford 1967

[18] Thom, A., Thom, A. S. – *Megalithic Remains in Britain and Brittany*, Oxford 1978

[19] Avinsky, Vladimir – »New Arguments in Favor of the Reality of Space Paleocontacts«, Vortrag auf der 16. World Conference of the Ancient Astronaut Society, Chicago 28. 8. 1989

[20] Pennick, Nigel – *Die alte Wissenschaft der Geomantie*, München 1982

[21] Watkins, Alfred – *The Old Straight Track*, London 1925

[22] Devereux, Paul, Forrest, Robert – »Straight Lines on an Ancient Landscape«, aus: *New Scientist*, 23./30. Dezember 1982

[23] Hesemann, Michael – »Die Externsteine, ein geometrisches Zentrum«, aus: *Kosmische Spuren*, herausgegeben von Erich von Däniken, München 1989

[24] »Neue Erkenntnisse über die alten Externsteine«, aus: *Welt am Sonntag*, Beilage NRW, Nr. 13 vom 31. März 1991

[25] Roche, Denis – *Carnac, ou les mésaventures de la narration*, Carnac 1985

[26] Kremer, Bruno P. – »Maß und Zahl in den Megalithdenkmälern der Bretagne«, aus: *Naturwissenschaftliche Rundschau*, 37. Jahrg., Heft 12, 1984

[27] do. – »Geometrie in Stein«, aus: *Antike Welt*, 18. Jahrg., Heft 1, 1987

[28] Le Scouëzec, Gwenc'hlan – *Bretagne Mégalithique*, Paris 1987

[29] Däniken, Erich von – *Habe ich mich geirrt?*, München 1985

[30] do. – *Der Tag, an dem die Götter kamen*, München 1984

[31] do. – *Die Augen der Sphinx*, München 1989

[32] do. – *Die Spuren der Außerirdischen*, München 1990